# 语言·文学·文化论稿

## 第 4 集

滑明达　周长银　编

2011 年·北京

图书在版编目(CIP)数据

语言·文学·文化论稿. 第 4 集 / 滑明达,周长银编—
北京:商务印书馆,2011
ISBN 978-7-100-08546-5

I. ①语… II. ①滑…②周… III. ①语言学—文集
IV. ①H0-53

中国版本图书馆 CIP 数据核字(2011)第 174366 号

所有权利保留。
未经许可,不得以任何方式使用。

YǓYÁN WÉNXUÉ WÉNHUÀ LÙNGǍO
语 言 · 文 学 · 文 化 论 稿
第 4 集
滑明达 周长银 编

商 务 印 书 馆 出 版
(北京王府井大街 36 号 邮政编码 100710)
商 务 印 书 馆 发 行
北京民族印务有限责任公司印刷
ISBN 978 - 7 - 100 - 08546 - 5

2011 年 10 月第 1 版　　　开本 880×1230　1/32
2011 年 10 月北京第 1 次印刷　印张 $8\frac{1}{8}$
定价:22.00 元

本论文集受到了北京市教委"科研基地-科技创新平台-第二语言习得理论与实践建设平台项目(项目号 PXM2010_014221_100559)"的资助。

# 前　言

　　经过多方的共同努力,《语言·文学·文化论稿》的第 4 集和大家见面了。这本论文集是我们北京第二外国语大学英语学院学科建设所取得的又一项重要成果。同前几本论文集相比,这本论文集所收录的论文除了涉及传统的语言学、文学、英美社会文化和翻译等几个重要研究领域外,有关英语教学和二语习得方面的实证研究是一大特色,这代表了当今语言学研究的一种潮流。这本论文集所收录的论文体现了英语学院近年来逐步形成的以传统的语言文学为优势、以跨文化交际为特色、以英语教育、商务英语和翻译为新的增长点的专业和学科建设格局,相关研究涉及各自领域的前沿理论,体现出了我们老师较高的理论水平和较强的研究能力。

　　把老师们的科研成果结集出版是我们英语学院近几年在科研和学科建设方面积极探索和尝试的一种新形式。实践证明,这对提升我院的科研气氛、促进我院的教研相长起到了积极的作用。经过几年的努力,我院的科研和学科建设所取得的成绩是显著的。我们的老师在承担繁重的教学任务的同时,还不断地进行科研探索和学术创作。而学术论文集则为我们老师们提供了一个学术探讨和交流的平台。近几年,我们英语学院已经形成了浓厚的科研气氛。有了这样一种氛围,加上老师们在科研和学术方面不断创新的努力,我相信,我们英语学院在科研和学科建设方面会不断取得新的成绩。在这本论文集的出版过程中,滑明达、马壮寰、隋刚、齐振海等几位教授抽出宝贵时间对稿件进行了认真的审阅并提出了很有价值的修改意见;周长银老师则在稿件的组织和出版联系中付出了辛勤的努力;原宇老师和我们的研究生霍建才和魏金玮也参与了论文集的部分工作。对他们的付出,我们一并表示感谢,同时我们还要对在本集论文集出版过程中给予我们支持和帮助的商务印书馆表示感谢!

滑明达

2011 年 5 月

# 目 录

前言 ······················································· 1

## 第一部分:语言学研究

生成语法视阈下的现代汉语"追累"句式研究　周长银 ··········· 3
称呼语变异建构认同的模式之研究　刘永厚 ··············· 33
多媒体网络技术对大学生自主外语学习能力的
　促进作用　伏力 ································· 48
词汇知识在二语听力理解中的作用　张晓东 ··············· 60
句法意识与儿童二语阅读能力发展的关系　王晓华 ········· 77
也谈方言岛问题　王伟 ································· 87
图式理论与阅读前提问对英语阅读能力
　发展的作用　李淑艳 ······························· 98

## 第二部分:文学研究

爱默生的改革理念与社会关怀　隋刚 ···················· 111
昆丁·康普森之死的社会学思考　黄敏 ·················· 125
大众媒介与表征政治
　——当代美国媒介文化中的黑人形象　周春 ··········· 143

《民间故事形态学》的功能模式分析　龙云……………… 153

## 第三部分：文化研究

美国映象
　　——透视美国电影与美国社会之互动　李中泽………… 167
浅析《撞车》背后的文化冲突　梁虹　韩芬 ……………… 178
从大众传播视角看电影对美国文本文学的影响　陈晓……… 187
聚焦于文本还是读者？
　　——解读叙事学理论中的文本　武桂杰……………… 195
从摇篮到坟墓
　　——美国社会保障制度历史探寻　张胜利……………… 203

## 第四部分：翻译研究

浅析口译记忆机制和记忆策略　吕洁………………………… 219
"脱壳"理论对口译教学的启示　李万轶……………………… 229

## 第五部分：其他

信赖利益的界定　华楠…………………………………………… 243

# 第一部分:语言学研究

第一部分 语音学研究

# 生成语法视阈下的现代汉语"追累"句式研究[*]

## 周 长 银

**摘要**:"追累"是现代汉语中一种典型的多歧义动结式,它有主语指向、宾语指向和施受颠倒三种解读,是汉语研究关注的一个热点问题。本文对近二十年来生成语法学界对"追累"句式的研究做了回顾,首先指出了生成语法在"追累"句式研究方面存在的主要争议和需要解决的研究难点,接着以这些争议和难点为线索对词汇生成论、句法生成论以及词汇句法混合生成论等几种论点进行了介绍和分析,最后总结了相关研究所取得的成果和今后有待进一步深入研究的问题。

**关键词**:生成语法;"追累"句式;歧义分析

**Abstract**: As a typical ambiguous Chinese resultative construction, *zhui-lei* construction has three interpretations, namely the subject-oriented, the object-oriented and the agent-inverted-with-patient one. Therefore, it is a hot topic in Chinese study. This paper made a brief review of the study of *zhui-lei* construction in the generative circle. It firstly pointed out several disputes and difficult points in this topic. Then, taking these disputes and diffi-

---

[*] 本文受到了教育部 2009 年人文社会科学青年项目(项目号为 09YJC740002)和北京市教委"人才强教深化计划-中青年骨干教师"项目的资助。

cult points as a clue, it introduced and analyzed several views such as the lexical derivation view, the syntactic derivation view and a mixed derivation view. Finally, it summarized the achievements in the relevant field and pointed out several issues that deserve further attention.

**Keywords**: generative grammar; *zhui-lei* construction; ambiguous analysis

# 一、引言

近三十年来,动结式一直都是句法研究的焦点。动结式之所以备受关注,主要的原因就在于这类句式中的论元实现方式和句法语义匹配关系十分复杂。这一点在汉语动结式中表现得尤为突出。汉语动结式不仅能像英语动结式那样允许非次范畴化NP的存在[①],而且还具有其自身的句法特性。汉语动结式中的辅助谓词多为动词,而且紧跟主谓词之后,形成V-V复合词和SVR(O)的语序[②]。在语义上,其辅助谓词指向灵活,可以指向主语、宾语甚至是主谓词[③]。更重要的是,汉语中的动结式还会出现一种独特的施受颠倒现象。这时,通常在题元层级排列中位置居后的受事角色会出现在位置居前的施事之前。例如,在"一锅饭吃饱了十几个人"这句话中,受事"一锅饭"就位于施事"十几个人"之前[④]。

汉语动结式的句法特性所带来的一个直接后果就是某些汉语动结式的多歧义性。这其中最为典型的例子当属近年来汉语研究中广泛讨论的"追累"句式。以"陶陶追累了友友了"这句话为例。这句话有(1)a-c三种解读:

(1)陶陶追累了友友了。

a.陶陶追友友,友友累了。

　　b.陶陶追友友,陶陶自己累了。

　　c.友友追陶陶,友友累了。

　　d.*友友追陶陶,陶陶累了。

(1)a和(1)b分别是语义指向宾语和主语的解读,而(1)c则是一种施受颠倒解读。按照"谁追谁"和"谁累"的逻辑推理来讲,(1)还应该有第四种解读(1)d的可能,但是,实际成立的却只有(1)a-c,第四种可能被排除掉了。

　　"追累"句式的多歧义性使得这一句式成为汉语生成研究[5]中的一个热点问题。近二十年来,生成语法界围绕像"追累"这样的V-V复合词的生成以及"追累"句式歧义解读的推导等问题展开了热烈的讨论,取得了丰硕的成果。这其中,最大的争论是关于包括"追累"在内的汉语V-V复合词的生成方式问题。在这个问题上,总的来说有词汇生成论、句法生成论和词汇句法混合生成论三种观点。词汇生成论(Li 1990,1993,1995,1999;李亚非 2004)认为,V-V复合词"追累"是在词汇层面产生的,其不同的解读可以完全通过生成语法中的题元理论来解释;句法生成论则认为,V-V复合词"追累"是由主谓词"追"和辅助谓词"累"通过句法操作在句法层面生成的;而词汇句法混合生成论则认为,汉语中的V-V复合词既有词汇性的又有句法性的,它们有着不同的句法特性。用句法生成的思路去解释"追累"的三种解读有三大难点。一是句法表征中如何反映出相关事件中"谁追谁"和"谁累"的深层语义关系;二是如何保证句法推导最后能生成复合词"追累"的自然语序;三是如何能清晰地说明"追累"句式的不同解读是如何产生的。下面,我们就按照上述几个要点为线索对"追累"研究中的几种观点加以介绍和评析。

## 二、词汇生成论

词汇生成论把"追累"看成是词汇层面生成的一个 V-V 复合词,Li(1990,1993,1995,1999)和李亚非(2004)对汉语 V-V 复合词所做的系列研究可以说是这种观点的代表。词汇生成论并不借助生成语法中的移位操作,而是从题元理论的角度解释"追累"句式何以会产生歧义以及为什么像(1)d这样的解读不可能产生。

Li(1990)认为,V-V 复合词的生成和解读机制可以用题元网络(theta grid)、题元等同(theta-identification)和核心特征渗透(head feature percolation)有关题元理论的三个假设来解释。题元网络假设认为,句子中的题元网络是按照题元的显著性排列的层级,即显著性越低的题元越会优先被赋予题元角色。如动词 give 的题元网络可以表征为 give<Agent, <Goal, <Theme>>>。在这个网络中,显著性最低的角色 Theme 会优先被赋给句子中的论元,以此类推。当句子中的论元可能被赋予的题元角色要多于实际被赋予的题元角色时,题元等同机制就会发挥作用。根据这一机制,两个动词的题元角色可以发生重合并重新指派给 V-V 复合词的一个论元。而核心特征渗透假设则认为,V-V 复合词的句法特性是由其核心决定的。Li(1990)认定汉语 V-V 复合词是核心在前的,因此,它的句法特性是由第一个动词 V1 决定的。也就是说,V1 的题元网络中最显著的论元同时也应该是整个 V-V 复合词中最显著的论元,V1 题元网络中次显著的论元也应该是整个复合词中次显著的论元,以此类推。

但是,上述原则在解释汉语"追累"句式(1)中的施受颠倒现象时却遇到了挑战。按照 Li(1990)的理论,复合词"追累"中的 V1 "追"和 V2"累"的论元结构可以分别标记为(1,2)和(a),这样,从逻辑上讲,"追"和"累"通过题元等同组成复合词的可能性就有四种:

(2)a. 陶陶追友友,友友累了。

   <1,<2 - a>>

b. 陶陶追友友,陶陶累了。

   <1 - a,<2>>

c. 友友追陶陶,友友累了。

   <2,<1 - a>>

d.*友友追陶陶,陶陶累了。

   *<2 - a,<1>>

在这四种可能性中,只有(2)a 和(2)b 能被现有的假设所允许,因为在(2)a 和(2)b 的每个等同步骤中都保证了 V1"追"的低级角色 2 优先于高级角色 1 被赋予。这样就保证了复合词"追累"的核心"追"同整个复合词的题元层级是一样的。问题出在(2)c 和(2)d 上。我们看到,角色 1 和 2 的排列在(2)c 和(2)d 中是一样的,二者都违反了现有的原则,但是,(2)c 的解读却是正确的。Li(1995)引入了 Grimshaw(1990)的致使层级(Causative Hierarchy)以解释为何像(2)c 这样的颠倒性的题元赋予现象被允许存在。致使层级中只有 Cause 和 Affectee 两个角色。前者永远比后者显著。他认为,如果致使层级与题元层级发生冲突,应该保证前者。而在(2)c 中,"陶陶"正是一种 Cause。这样一来,被现有原则所排除的(2)c 因为符合致使层级而得到了"拯救",而(2)d 却没有,(1)c中的颠倒性题元赋予现象也就得到了解释。

Li的研究具有开创性的意义,但后来的学者们也发现了这种研究中存在的一些问题。首先,Li的方法有过于概化之嫌。正如Gu(1992)所指出的那样,按照Li的模式,汉语中所有与"追累"论元结构相同的V-V复合词都应该具有"追累"句式这样的歧义解释,而实际情况却不是这样的。Cheng(1997)就注意到,宾语NP的定指性会消解像"追累"这样的动结式的歧义。对照(3)和(4)的解读:

(3)宝玉骑累了马。

 a.宝玉骑马,马累。

 b.宝玉骑马,宝玉累。

(4)宝玉骑累了那匹马。

 a.宝玉骑那匹马,结果那匹马累了。

 b.*宝玉骑那匹马,结果宝玉累了。

按照Li的分析,动结式(3)有宾语指向(3)a和主语指向(3)b两种解读。但是,如果我们把(3)中的非定指名词"马"换成(4)中的定指名词"那匹马",我们就会看到,与句子(3)相比,句子(4)虽然在论元结构模式上并没有发生变化,但该句主语指向的解读(4)b却被消解掉了。Li(1990)的第二个问题与他所采用的题元等同机制有关。那就是,他解释不了不以论元共享为前提的动结式是如何生成的。下句是Cheng(1997)引用Huang C. R(1991)中的一个例证:

(5)他(因为天天踢球)踢破了他的球鞋。

Cheng(1997)指出,在(5)中,V-V复合词"踢破"的第一个动词"踢"的受事论元应该是"球"而不是"球鞋",这一受事论元不能得到 V-V 复合词"踢破"的第二个动词"破"的唯一论元"球鞋"的等同,但(5)却是合格的。因此,Li (1990)的题元等同机制又存在概括力不足的问题。Gu (1992)还对 Li(1990)所引用的致使层级提出了质疑⑥。她指出,Grimshaw(1990)的致使层级似乎有专为解决 frighten 这样的心理动词所反映的题元颠倒现象而特设的嫌疑,因为这个致使层级的组成成分很不清晰,唯一确定的成分只有致使这一个角色。因此,这一层级的普遍性是值得怀疑的。致使关系不仅仅存在于心理动词,也存在于普通的及物动词。例如,这一层级就不能解释为什么下句中不能产生括号中想要表达的意向意义:

(6)*The book reads me. (意向意义:The theme, *the book*, causes *me*, the agent, to end up in the state of reading. )

Gu(1992)认为,如果题元层级和致使层级是独立分开的,那么,句法中现有的原则就无法排除(6)中的可能性。

## 三、句法生成论

与词汇生成论不同,句法生成论认为,动结式中 V-V 复合词的致使性来自句法结构而不是语义论元的直接组合,因为语义论元的组合并不能自动地产生致使性,像"追累"这样的 V-V 复合词不是在词汇层面生成的,而是由主谓词和辅助谓词经过移位或复合等句法操作生成的。自上世纪 90 年代以来,句法分析中出现了一些具有事件语义功能的空壳结构、轻动词和功能语类,这就为解释像"追累"这样的 V-V 复合词的生成过程提供了有效的句法表达手段。由于"追累"句式表达的是一个复杂致使事件,因此,在对像"追累"这样的动结式进行句法推导时,如何通过句法手段去表达语义中的致使和结果这两个最为关键的事件构件也就成为学者们关注的重点。

### 1. Gu(1992)、王立弟(2003)、Zou(1994)和王玲玲、何元建(2002)的研究

在对像"追累"这样的动结式所进行的生成研究中,Gu(1992)、王立弟(2003)、Zou(1994)和王玲玲、何元建(2002)的研究较为相似,他们所采用的都是用空核心或功能语类表达致使而用 VP 表达结果(状态变化)的句法表达模式。

Gu(1992)认为,施事和致事(cause)都表示影响性,只是一个是直接的而另一个是间接的而已,因此,她把这两个角色统一成了动作发起者(Action Initiator)。由于施事和致事被做了统一处理,因此它们就不可能在同一个句子中共现。(6)的排除也就得到了合理的解释。Gu(1992)提出了一个句法模型,用以解释汉语中动结式的句法特性:

(7)[$_{CP}$ Spec [$_{C'}$ C [$_{IP}$ Spec [I' I [PrP Spec [Pr' Pr [VP Spec [V' V (Complement)]]]]]]]]

该模式包含 CP-IP-PrP-VP 四个层次,其中 Pr 就是表达致使(Cause)的功能语类。句子的主语和直接宾语分别作为主谓词和辅助谓词的主语基础生成于 PrP 和 VP 的 Spec 位置。出于特征核查的原因,Pr 的 Cause 特征会吸引下面的动词向上移位,这样就构成了汉语中致使性的 V-V 复合词。

王立弟(2003)对致使性复杂谓词的结构表征同 Gu(1992)有些相似,只不过他把整个复杂致使性谓语表达为一个 Larson 壳

结构,其致使性是由位于该 Larson 壳上层的一个空壳结构来表达的。Larson 壳中的 VP1 和 VP2 分别代表致使和状态变化,它们的 Spec 位置则分别代表致使者和受影响的内论元。王认为,这种句法模型可以对"追累"句式的歧义做出解释。这样一来,(1)的三种解读(1)a-c 就可以分别得到如下的表征:

(8)a. […[$_{VP1}$[$_{NP}$陶陶]][$_{V1'}$ V1 [$_{VP2}$[$_{NP}$友友]　[$_{V2'}$[$_{V2}$追-累]]]]]]

b. […[$_{V1'}$ V$_1$[$_{VP2}$[$_{NP}$陶陶]　[$_{V2'}$[$_{V2}$追-累] [$_{NP}$友友]]]]]

c. […[$_{V1'}$ V$_1$[$_{VP2}$[$_{NP}$友友]][$_{V2'}$[V$_2$追-累]]]]

王认为,作为"追累"句式非致使性解读的(8)b 可以归结为一个不及物动词,而作为"追累"句式致使解读的(8)a 则不能。这是因为(8)a 所代表的不是一个肇始(inchoative)事件。(8)b 中,处于主语位置的受影响的论元"陶陶"实际上是一个直接内论元。它提升到主语的位置以便接受主格。动词后的论元"友友"是一个处在 VP2 补足语位置的间接内论元,被标记为旁格(oblique case)。至于(8)c,王认为,它可以看成是不及物句"友友追累了"对应的致使形式。该句在经过致使化的操作过程添加上外论元"陶陶"之后,就可以派生出"陶陶追累了友友"这样的复杂致使结构。

王立弟(2003)的研究表明,"追累"的三种解读是可以分别做出三种不同的分析的。但在他的上述分析中,"追累"句式中"谁追谁"的语义关系表达得还不是很清晰。另外,对于像"追累"这样的 V-V 复合词的生成过程,王立弟(2003)采用的是 Hale & Keyser (1991,1992,1993)的词汇句法分析方法,其主要操作过程包括并入(Incorporation)和核心移位。以"老张拧紧了水龙头"为例。

按照王的分析方法,该句的推导过程就如(9):

(9) [$_{VP1}$ [$_{NP}$老张] [V1' V1 [VP2 [$_{NP}$水龙头] [V2' [$_{V2}$拧] [$_{AP}$紧]]]]

王认为,该句的推导涉及两个过程。首先,形容词"紧"会并入到 V2 的核心"拧",形成一个复合词"拧紧"。其次,该复合词作为一个整体向 V1 移动,这样,推导就完成了。但是,王的这个模型忽视了一点。那就是,并入应该是一种左向操作,他这样推导出的结果应该是"老张紧拧了水龙头"而不是"老张拧紧了水龙头"。同样的道理,按照这种方法推导出的"追累"句式也应该是"陶陶累追了友友了",而不是"陶陶追累了友友了"。

Zou(1994)设计的底层结构清晰地反映了"追累"句式中深层的语义关系,即"谁追谁"和"谁累"的问题。Zou(1994)对"追累"句式的解读(1)a 所设计的底层结构和生成过程分别如下:

(10) a. [$_{IP}$ [$_I$-了] [$_{VP1}$ [$_{NP1}$张三] [$_{V1'}$ [$_{V1}$追] [ $_{VP2}$ [$_{NP2}$李四] [$_{V2'}$ [$_{V2}$累]]]]]]

a' [$_{IP}$张三$_i$ [$_I$追$_j$-累$_k$-了] [$_{VP1}$ [$_{NP1}$ t$_i$] [$_{V1'}$ [$_{V1}$ t$_j$] [$_{VP2}$ [$_{NP2}$李四] [$_{V2'}$ [$_{V2}$ t$_k$]]]]]]

在(10)a' 中,功能语类核心 I 吸引了它下面的两个实词语类核心 V2 "追"和 V1 "累"左向嫁接,形成了"追累了"这样的结构。但是,我们注意到,这个操作过程至少有两个问题。一是功能性核心 I 先后接受了两个实词语类核心向其嫁接,这种操作不符合最简方案特征核查理论的精神。如果第一次嫁接(即"累"向"了"嫁接)的动机是核查时态特征的话,那么第二次嫁接的动机又是什么呢?二是两个实质语类核心 V1 和 V2 左向嫁接的先后顺序没有得到解释。同样是在 I 之下,为什么是 V2 "累"先嫁接,而后才是

V1"追"再嫁接呢？

对于"追累"句式的解读(1)b，Zou(1994)的表征和生成过程如下：

(11) b. [$_{IP}$[$_I$-了] [$_{VP1}$ [$_{NP1}$ 张三] [$_{V1'}$ [$_{V1}$ 累] [ $_{VP2}$ [$_{NP2}$ pro] [$_{V2'}$ [$_{V2}$ 追] [$_{NP3}$ 李四]]]]]]

b' [$_{IP}$ 张三$_i$ [$_I$ 追$_j$-累$_k$-了] [$_{VP1}$ [$_{NP1}$ t$_i$] [$_{V1'}$ [$_{V1}$ t$_k$] [ $_{VP2}$ [$_{NP2}$ pro] [$_{V2'}$ [$_{V2}$ t$_j$] [$_{NP3}$ 李四]]]]]]

在(11)b'中，功能语类同样是接受了两个实词语类向其嫁接。但与(10)a'不同的是，在这里，首先向 I 嫁接的是位于较高位置的 V1"累"，而不再是位置较低的 V2"追"。对于(11)b'同(10)a'在实质语类核心向功能语类嫁接时所产生的顺序差异，Zou(1994)并没有给出合理的解释。所以说，Zou(1994)的生成过程至少存在操作不一致的问题。

对于"追累"句式的解读(1)c，Zou(1994)的表征和生成过程如下：

(12) c. [$_{CP}$[$_{IP}$[$_I$-了] [$_{VP1}$ [$_{NP1}$ 李四] [$_{V1'}$ [$_{V1}$ 累] [ $_{VP2}$ [$_{NP2}$ pro] [$_{V2'}$ [$_{V2}$ 追] [$_{NP3}$ 张三]]]]]]]

c' [$_{CP}$ 张三$_n$ [$_C$ (追$_j$-累$_k$-了)$_l$] [$_{IP}$ 李四$_i$[$_I$ t$_l$] [$_{VP1}$ [$_{NP1}$ t$_i$] [$_{V1'}$ [$_{V1}$ t$_k$] [ $_{VP2}$ [$_{NP2}$ pro] [$_{V2'}$ [$_{V2}$ t$_j$] [$_{NP3}$ t$_n$]]]]]]]

Zou(1994)是想让功能性核心 C 承担表达致使概念的任务。但是，这一点却和 C 这个核心的本质功能相左。一般认为，在生成语法中，功能语类 C 最基本的功能是表达陈述或者疑问等语气的(Chomsky 1995 等)，汉语中的句末语气助词"吗""呢""吧"等就是在这个位置上生成的(邓思颖 2003 等)。所以，让 C 承担表达致使概念的任务显然不合适。但是，正如熊仲儒(2004)所指出的那样，Zou(1994)将"致使"概念引入"追累"句式的具体分析和表征，已经具有开创性的意义了。

王玲玲、何元建(2002)在 Chomsky (1993,1995)最简方案的框架内对汉语动结式进行了研究。他们认为，在汉语动结式的句法表征中，表达致使概念的应该是一个轻动词词组 vP，而像(1)这样的汉语"追累"句式的三种解读应该分成两种情况对待。(1)a 和(1)b 这两种解读中，"追累"做的是宾格谓语。解读(1)a 中"追累"是异指型宾格谓语，此时整个谓词"追累"的宾语论元"友友"是兼类词，即它是动词"追"的逻辑宾语，又是动词"累"的逻辑主语。王玲玲、何元建(2002)认为，(1)a 这种解读的句法表征应该如下：

(13) [$_{vP}$[$_{DPj}$(施事) 陶陶] [$_{v'}$[$_v$ 追$_j$  v] [$_{VP}$[$_{XP}$ PRO$_i$  累了]
　　　[$_{v'}$ t$_j$  [$_{DPi}$(客事)友友]]]]]

与(1)a 这种解读不同，(1)b 这种解读中，谓语"追累"是同指宾格谓语，也就是说，"陶陶"既是动词"追"的逻辑主语也是动词"累"的逻辑主语，王玲玲、何元建(2002)认为，这种解读的句法表征应该如下：

(14) [$_{vP}$[$_{DPj}$(施事) 陶陶] [$_{v'}$[$_v$ 追$_j$  v] [$_{VP}$[$_{XP}$ PRO$_j$  累了]
　　　[$_{v'}$ t$_j$  [$_{DPi}$(客事)友友]]]]]

王玲玲、何元建(2002)认为，在(1)c 这种解读中，谓语"追累"是役格谓语，它的致事主语是客事(theme)改作的，所以，(1)c 的句法表征应该是：

(15) [$_{vP}$[$_{DPi}$(致事)陶陶] [$_{v'}$[$_v$ 追$_j$ v] [$_{VP}$[$_{XP}$ PRO$_i$ 累了 友友]
　　　[$_{v'}$ t$_j$ t$_i$(客事)]]]]

王玲玲、何元建(2002)认为,(15)中的 XP 是使动结构,其具体表征如下:

(16) [vP PRO(致事) [v' [v 累了k v] [VP [DP(当事)友友] [v' tk ]]]]

王玲玲、何元建(2002)的分析把"追累"句式的三种解读用三种不同的句法表征去表达,而且(13)和(14)中清晰地表明了"谁追谁"和"谁累"的语义关系。但是,这种分析也不是没有问题。首先,在这三种句法表达中,XP 和其后面的 V' 在句法表达中的关系没有得到充分的说明。王玲玲、何元建(2002)认为 XP 表达的是"谁累"这样一个述题。但他们却没有解释为什么在句法表征中 XP 要位于表达"谁追谁"概念的 V' 之前。另外,在(13)和(14)中,"友友"都被处理为补足语论元,这显然有些问题。正像王玲玲、何元建(2002:22)他们自己意识到的那样,在表达(1)b 这种主语指向解读的分析(14)中,"友友"这个论元具有明显的事件性,应该类似于英语中的动名词。但是,这种名词的事件性却在(14)中没有被表达出来。另外,在(1)c 这种解读中,"追"显然已经不是"累"的原因了,再让动词"追"向致使性的 v 嫁接就值得怀疑了。再者就是在(15)中,"友友追陶陶"的语义关系并没有得到清晰的表达。

## 2. Huang (1992)、Tang (1997)、Zhang (2001)和赵杨(2006)的分析

Huang (1992)、Tang (1997)、Zhang (2001)和赵杨(2006)对汉语动结式(包括"追累"句式)的分析思路有些类似。在他们的句法表达模式中,表达致使的是一个空核心或者是轻动词,而表达结

果(状态变化)的则是一个功能语类 XP,相比较而言,他们更侧重于结果的句法表达。

Huang (1992)认为结果性的 V-V 复合词和带"得"字的结果性谓词是对等的,例如:

(17) a. 张三哭得手帕都湿了

b. 张三哭湿了手帕

他认为,(17)a 和(17)b 的结构分别如下:

(18) a. [$_{VP}$张三 [$_{V'}$ V [$_{VP}$手帕$_i$ [$_{V'}$哭-得 [$_{RC}$ Pro$_i$都湿了]]]]]

b. [$_{VP}$张三 [$_{V'}$ V [$_{VP}$手帕 [$_{V'}$哭 [$_{RC}$湿了]]]]]

在(18)a 中,"哭得"选择小句[Pro 都湿了]做补足语并且对它进行 θ 标记。"手帕"是 V'组合的共同宾语。Huang (1992)认为,此句中 Pro 的所指可以由最短距离原则(Minimal Distance Principle/MDP)(Chomsky,1993,1995)来解释,即"空代词(PRO 或 Pro)选择一个潜在的离它最近的 NP 为先行语"。这样一来,(18)a 中的 Pro 就被成分统制它的最近的 NP"手帕"所控制,在语义上指向宾语。(18)a 中的动词"哭得"向上层的空动词 V 移动,就形成了(17)a。Huang (1992)认为,(18)a 和(18)b 的区别在于,前者中的结果小句是短语型的而后者中的结果小句则是词汇型的。他同时认为,(18)b 中的 V-V 复合词是通过一种重新分析的句法过程形成的。Huang (1992)还认为,在诸如"李四醉倒了"这样的句子中,"醉倒"是非宾格性的,而在像"那瓶酒醉倒了李四"这样的致使性句子中,致事"那瓶酒"是一个额外论元,而致使性的复合词"醉倒"则是由底层小句[李四醉倒了]中提升到上层的空核心 V 的位置形成的。

与 Huang (1992)相似,Tang (1997)认为,及物性动结式的结

构应该表征如下:

(19) [$_{VP}$ Subj [$_{v'}$ v [$_{VP}$ Obj$_i$ [$_{v'}$ V [$_{FP}$ F [$_{XP}$ pro/PRO$_i$ X]]]]]]

这里的 X 就是结果谓词,它形成了一个主语为空的结果小句 XP。XP 是一个功能语类 F 的补足语。F 的功能是对母句谓词所表示的时间延伸起一个终结的作用。F 具有强体特征,必须得到显性核查。Tang(1997)认为,F 的强体特征可以通过在其核查域内嵌入结果性词素"得"以合并的方式进行核查。在拼读之前,"V-得"复合体可以向轻动词 $v$ 移位,形成"主语-V-得-(宾语)-结果"的语序。在所指上,空代词 pro/PRO 被最近的名词成分所控制。如果 F 的强特征不是通过合并来核查的话,那么 F 就会吸引内嵌小句中的结果动词向 F 移动来核查 F 的强体特征。Tang(1997)认为,出于形态原因,结果动词 V 附着在主动词上形成了一个结果性的 V-V 复合词。

与 Tang(1997)相类似,在讨论汉语动结式的生成及特性时,Zhang(2001)也认为结果谓词是一个功能语类 FP 的补足语,而包含结果谓词的 FP 则应该是主谓词的补足语。她认为,这个功能语类的核心是一个轻动词 $v$。$v$ 的显性形式可以是"得",也可以是经过核心移位提升到 $v$ 的辅助谓词的词汇核心:

(20) a. [$_{vP}$ [$_{v'}$ 得 [$_{XP}$ ]]]

b. [$_{vP}$ [$_{v'}$ X$_i$ [$_{XP}$ [$_{v'}$ t$_i$ ]]]]

Zhang(2001)认为,(20)a 和(20)b 可以分别生成"得"字句和 V-V 动结式,这两种句式的生成方式是相似的。下句(21)b 就是 V-V 句式(21)a 的生成过程:

(21) a. 阿 Q 打破了那个花瓶

b. [$_{AspP}$ 阿 Q$_k$ [$_{Asp'}$ [打-破$_i$]$_j$-了 … [$_{vP}$ t$_k$ [$_{v'}$ t'$_j$ [$_{VP}$ 那个花

瓶 $[V't_j=[打-t_i]_j[_{vP}PRO[v't_i[VP\cdots t_i]]]]]]]]]$

但是,我们看到,在(21)中,作为辅助谓词核心的"破"在向主谓词"打"嫁接的时候,是嫁接在"打"的右侧。这一操作在方向性上显然与嫁接这一句法操作的方向相悖[⑦]。

Zhang(2001)也注意到了Li(1990)所讨论的"追累"句式的歧义问题。但她只讨论了"追累"句式的前两种解读。Zhang(2001)认为,"追累"句式所表现出的结果谓词主语在语义指向上的歧义性完全可以用Chomsky(1993,1995)最短距离原则中的等距性来解释。以(22)中的结构为例:

(22)$[_{XP}Spec_2[_{X'}Y_i-X\ [_{YP}Spec_1[_{Y'}t_i\ ZP]]]]$

根据Chomsky(1993,1995),(22)中的$Spec_1$和$Spec_2$均位于语链$[Y-t]$的最小域之内,所以,相对于ZP或者ZP内的名词成分来讲,$Spec_1$和$Spec_2$是等距的。因此,对于像"追累"这样的及物性的动结式中的控制关系,可以认为,一系列的核心提升操作使得结果谓词的空主语位置同主谓词的主语位置以及主谓词的宾语位置之间的距离相等了。这样,结果谓词"累"在语义上就可以指向主谓词的主语和宾语两个成分,从而造成了"追累"句式的(前)两种解读。可以看出,在解释"追累"句式的主语指向的解读(1)b时,Zhang(2001)显然是把"友友"当成了"追累"的宾语。但是,我们看到,即便是我们只考虑"追累"句式的前两种解读,Zhang(2001)的这种解释也有过于概化的问题。也就是说,按照Zhang(2001)的分析,汉语中所有带宾语的动结式都应该有主语指向的解读,而实际的情况却不是这样的。

赵杨(2006)也对汉语中的动结式及其歧义现象做了分析。在赵杨(2006)中,本文所讲的英语动结式和汉语中带"得"字的小句型动结式被看成是一类,称为结果补语结构,而本文所讲的汉语中不带"得"字的短语型动结式则被称为复合使动结构。赵杨(2006)认为,汉语带"得"字的结果补语结构和不带"得"字的复合使动结构中都包含一个指明行为动词产生的结果并对其进行限定的功能范畴。这个功能语类就是 Tang(1997)所提出的 FP,赵杨(2006)称之为体短语(AspP)。这样一来,汉语中的结果补语结构和复合致使结构就都可以由下面的底层结构推导而来:

(23)$[_{vP}$ Spec $[_{v'}\ v\ [_{VP}$ Spec $[_{v'}\ V_1\ [_{AspP}$ Spec $[_{Asp'}$ Asp $[_{XP}$ Spec $[_{X'}\ V_2\ (YP)\ ]]]]]]]]$

在(23)中,VP 的中心词 $V_1$ 表示活动动词,XP 的中心词 $V_2$ 表示结果谓词。VP 和 XP 之间的 AspP 表达由活动动词 $V_1$ 引导的事件的完结(accomplishment)解读。在汉语结果补语结构中,AspP 的中心词体现为"得",而在汉语复合使动结构中,该体短语的中心词则没有语音词汇体现形式。施事 $NP_1$ 在 Spec-$vP$ 的位置上生成,而及物动词的客体 $NP_2$ 则在 Spec-VP 的位置上生成。出现在 Spec-AspP 位置上的应该是对相关事件进行界化的成分,它是一个 NP 或者 PRO。根据上面的结构,赵杨(2006:92–94)对"追累"句式的歧解做了分析和推导。但是,遗憾的是,他也只是对(1)中的前两种解读做了解释,对于"追累"句式的施受颠倒解读则没有做解释。"追累"句式的解读(1)a 和(1)b 的推导分别如下:

(24)a. $[_{vP}$ 陶陶$_i[_{v'}$ 追$_{v1}$-累$_{v2}[_{VP}$ 友友$_j[_{v'}\ t_{v1}$-$t_{v2}\ [_{AspP}\ t_j\ [_{Asp'}\ t_{v2}\ [_{XP}$ PRO/pro$_j[_{X'}\ V2(t_{v2})\ ]]]]]]]]$

b. $[_{vP}$ 陶陶$_i[_{v'}$ 追$_{v1}$-累$_{v2}[_{VP}$ 友友$_j[_{v'}\ t_{v1}$-$t_{v2}\ [_{AspP}$ PRO/pro$_i[_{Asp'}\ t_{v2}\ [_{XP}$ PRO/pro$_i[_{X'}\ V2\ (t_{v2})\ ]]]]]]]]$

(24)中的 AspP 清晰地体现了事件界点的概念。通过对

Spec-AspP 进行不同 NP 的替换,可以清晰地表达"谁累"的概念。但是,我们看到,同前面几种分析相类似,(24)中动词"累"也是嫁接在了动词"追"的右边,违背了句法操作中左向嫁接的规则。这样生成的复合词同样也应该是"累追"而不是"追累"。

### 3. 熊仲儒(2004)和熊仲儒、刘丽萍(2006)的分析

熊仲儒(2004)和熊仲儒、刘丽萍(2006)对汉语动结式的分析中对致使和结果两个事件构件都采用了功能语类来表达。熊仲儒(2004)提出了"功能范畴[®]假设"用以解释汉语中与致使相关的一系列句式(当然也包括动结式)的生成。他(熊仲儒 2004:16)认为,语言之间的差异主要体现在功能范畴,句式的生成主要是通过功能范畴对实义词项进行扩展来完成的。熊仲儒(2004:16)还提出了"嫁接与移位同向假设",认为句法表达中的词汇核心总是核心在后,而对词汇核心进行扩展的功能核心总是核心在前。这样一来,汉语动结式生成的底层结构就可以归结为下列几种(熊仲儒、刘丽萍 2006:128):

(25) a. [$_{BecP}$[NP2 ] [$_{Bec'}$[$_{Bec}$] [$_{VP}$[R ][V ]]]]

b. [CausP [NP1 ][Caus' [[Caus] [$_{BecP}$[NP2 ] [$_{Bec'}$[$_{Bec}$] [$_{VP}$[R ][V ]]]]]]]

c. Do [CausP [NP1 ][Caus' [[Caus] [$_{BecP}$[NP2 ] [$_{Bec'}$[$_{Bec}$] [$_{VP}$[R ][V ]]]]]]]

(25)a-c 的句式分别是由 Bec、Bec-Caus、Bec-Caus-Do 等功能范畴对动词进行扩展的结果。熊仲儒、刘丽萍(2006)认为,(25)中的结构可以用来解释(1)中这样的汉语动结式的歧义现象。按照熊仲儒、刘丽萍(2006)的分析,(1)中三种解读应该分别作如下表征:

(26) a. [DoP [陶陶][[Do 追累了] [CausP [~~陶陶~~] [Caus' [[Caus ~~追累了~~] [BecP [友友] [Bec' [Bec 追累] [VP [累] [V ~~追累~~]]]]]]]]]

b. [DoP [陶陶][[Do 追累了] [CausP [友友] [Caus' [Caus ~~追累了~~] [BecP [~~陶陶~~] [Bec' [Bec 追累] [VP [累] [V 追累]]]]]]]]

c. [CausP [陶陶] [Caus' [Caus 追累了] [BecP [友友] [Bec' [Bec 追累] [VP [累] [V ~~追累~~]]]]]]

(25)中对动结式的底层结构的表征能够保证动结式中的主动词 V 在左向嫁接到辅助谓词 R 上去之后依然能够生成 V-R 这一自然顺序的动结式⑨。显然,(25)中的设计对于汉语动结式的生成来说是一个很好的设计。但是,如果从跨语言的角度来考察的话,我们就会发现,根据这一设计,英语中只能生成 John hammered flat the iron 这样的有标的结果句,而不能生成 John hammered the iron flat 这样的无标的结果句。另外,(26)中对"追累"句式的三种解读的推导过程对"谁追谁"这种语义关系的表征还不是很清晰。让 vCausP 去作 vDoP 的补足语在表征"追累"的(有意)致使解读(1)a 时是可以理解的,但在表征其非致使性解读(1)b 时,就有些让人难以理解了,因为,正像熊仲儒(2004:191)自己意识到的那样,这里面不存在致使的问题。

## 4. 王奇(2006)的句法复合论

基于运动事件与变化事件平行的理念⑩,王奇(2006)采用了 Mateu(2002)的论元结构理论和方法对汉语"追累"句式的歧义现象进行了分析。鉴于已有研究中用并入方法推导汉语 V-V 复合词会产生语序方面的问题,他在研究中采用了一种不同的思路,认为汉语中的 V-V 复合词的形成是一种能产性的根词复合(root compounding)现象,这种根词复合在本质上是一种连动现象,根本就不会涉及所谓左向嫁接的问题。王奇(2006)并没有对"追累"句式宾语指向的(1)a 和施受颠倒的(1)c 这两种解读做出区分,认为这两种致使性解读应该具有同样的底层结构(27)a 而非致使性解读(1)b 则具有自己单独的底层结构(27)b:

(27)a. [$_{VoiceP}$[$_{DP}$陶陶][$_{Voice'}$[$_{Voice}$ Ø][$_{vPCAUSE}$[$_{vCAUSE}$ [$_{root}$追][$_{vCAUSE}$Ø]][$_{vP_{GO}}$[$_{vGO}$Ø][$_{x_1}$[$_{DP}$友友][$_{x_1}$[$_{x_1}$Ø][$_{x_2}$[$_{x_2}$Ø][$_y$累]]]]]]]]

b. [$_{vPCAUSE}$[$_{vCAUSE}$ [$_{root}$追][$_{vCAUSE}$Ø][$_{vPGO}$[$_{vGO}$Ø][$_{x_1}$[$_{DP}$陶陶][$_{x_1}$[$_{x_1}$Ø][$_{x_2}$[$_{x_2}$Ø][$_{root}$[$_{root}$累][$_{x_3}$[$_{x_3}$Ø][$_{DP}$友友]]]]]]]]

(27)a 和(27)b 的差异是前者有一个 VoiceP 的投射而后者没有。VoiceP 的存在意味着它的 Spec 论元是一个(表示致使的)外论元。而(27)b 中的设计则意味着句子的表层主语实际上是一个底层宾语。(27)b 中的表层宾语的前面是一个抽象的、类似于介词的成分。根据 Mateu(2002),(27)中的 $x_2$ 和 $x_3$ 是表示突体和衬体之间空间关系的核心成分,而 $x_1$ 则是表示事件性关系的核心成分。如果句子结构像(27)a 那样有外论元,那么它就表示一种来源(source)关系,如果句子结构像(27)b 那样没有外论元,它就表示一种转变(transition)关系。在这两种关系中,根词"追"都是合并进表示致使的轻动词 $v$CAUSE,根词"累"则经过一系列的并入过程后形成动词"累"。二者再经过重新分析的过程形成复合词"追累"。

把汉语中的 V-V 复合词看成是根词复合现象解决了 V-V 复合词推导中的语序问题。但是,王奇(2006)对"追累"句式歧义解读的表征也不是没有问题的。我们首先看(27)a。把"追累"句式的两种致使性解读纳入相同的底层结构可以很好地标示出这两个事件中"谁累"的问题,即在这两个事件中都是"友友"累。但是,这种处理有一个很明显的问题,那就是,它模糊了有意致使事件和无意致使事件的语义差别,同时也就模糊了相关事件中各个参与者之间的语义关系,也就是"谁追谁"的问题。很显然,"追累"句式的解读(1)a 表示的是一种有意致使事件,即"陶陶追友友"是"友友"最后变累的原因。"陶陶"在其中既是施事又是致使原因,"陶陶"和"友友"的关系是"陶陶"追"友友"。(27)a 表达这种解读是没有问题的。但是,"追累"句式的解读(1)c 表达的却是一种无意致使事件。也就是说,"友友"变累不是"陶陶"追他的结果,而只是他追"陶陶"的副产品。"陶陶"并不是有意让"友友"累的。这种情况下根词"追"再合并进 $v$CAUSE 就值得商榷了,因为此时"追"已经不是"累"的致使原因了。而且"追"的实施者也不是"陶陶",而是"友友"。再看(27)b,这里,王奇(2006)显然把解读(1)b 处理成了一个致使运动事件。但是我们认为,解读(1)b 在本质上是非宾格性的,但它不是一种致使变化事件,而是一种有界自发运动事件。王奇(2006)的表征还有一个问题,那就是汉语"追累"句式中两个体标记"了"(尤其是词尾了)的嵌入问题。我们可以看到,在他的表征中,由于(27)a 中的底层宾语"友友"和(27)b 中的"陶陶"位于 $v$GO 节点之内,因此,如果给 $v$P$_{CAUSE}$ 添加体标记"了"的话,这个"了"总是会在(27)a 中的"友友"和(27)b 中的"陶陶"之后,生成的句子也只能是"陶陶追累友友了",而不会是"陶陶追累了友友了"[①]。

## 四、词汇句法混合生成论

在汉语动结式中 V-V 复合词的生成问题上,Cheng(1997)持有的是一种词汇句法混合生成的观点。她在指出 Li(1990)的词汇生成论的问题时也同时认为,像 Huang(1992)那样的纯句法方法并不适用于所有汉语动结式的解释。典型的例子就来自"追累"句式。值得注意的是,Cheng(1997)认为,像(1)这样的"追累"句式只有宾语指向的(1)a 和施受颠倒的(1)c 两种解读,Li(1990)中所讨论的主语指向的解读(1)b 是不可能的。另外,Cheng(1997)认为,同 Huang(1992)中所讨论的"那瓶酒醉倒了李四"中的情形不同,当(1)具有(1)c 的解读时,"陶陶"不可能像"那瓶酒"那样被解读为"间接致事",因为"醉"这个事件只有一个参与者"李四",而"那瓶酒"并未参与到"李四醉"这一事件中。"陶陶"做间接致事时,(1)的解读只能是"陶陶通过让友友卷入追自己的事件来使得友友变累了"。也就是说,Cheng(1997)认为,"追累"句式的施受颠倒解读(1)c 是不可能像"那瓶酒醉倒了李四"那样由底层的非宾格性复合词向上层的空核心提升来推导的。

鉴于 Li(1990)的纯词汇方法和 Huang(1992)的纯句法方法都有局限性,Cheng(1997)认为,汉语中的 V-V 复合词既有词汇性的也有句法性的,它们有着不同的句法特性。对于词汇性的 V-V 复合词,Cheng(1997)认为,其句法特性可以由 Hale & Keyser(1991)的词汇关系结构来解释。就"追累"句式而言,其词汇关系结构可以表征如下：

(28) [$_{VP}$[$_V$ 追] [$_{VP}$ NP [$_{V'}$ V [$_{AP}$[$_A$ 累]]]]]

在词汇句法(l-syntax)中，形容词性的动词"累"首先并入到空动词中，所形成的复合结构"V + A"然后向上层的动词"追"移动，形成复合词"追累"。(28)中下层 VP 的 Spec 位置就是经历状态变化的 NP 的位置。也就是说，这就是在"追累"事件中"变累"的"李四"所处的位置。与此相对照，词汇句法中的外论元并没有得到确认。Cheng (1997)认为，在"追累"句式中，(28)中选择 AP 的动词被赋值为"追"，此时动词"追"和处于下层 VP 的 Spec 位置的 NP 之间的关系是"结果状态是动态事件的一部分"，这个动态事件就是"追赶"事件。Cheng (1997)认为，由于词汇关系结构中事件参与者的角色没有被确认，因此，(28)中处于下层 VP 的 Spec 位置的 NP 就有"追赶者"和"被追赶者"两种可能。由于这一 NP 在句子句法(s-syntax)中总是会表现为宾语，相应地，句子句法中的主语(也就是以(28)中整个动词短语为谓语的主语)也就只能是剩下的"被追赶者"和"追赶者"的角色了。这样"追累"句式(1)就会产生(1)a 和(1)c 两种解读，歧义就产生了。

Cheng (1997)还对直接致使和间接致使做了区分，认为前者中的致事必须是相关事件中的参与者而后者中的致事则不是。像"那瓶酒醉倒了李四"中的"那瓶酒"就是间接致事，而像"论文写老了他"中的"论文"就是直接致事，因为"论文"是"写论文"事件的参与者。Cheng (1997)认为，间接致使的概念可以摆脱 Li (1990)中必须依赖论元共享才能构成复合词的困境。像(5)中的"球鞋"其实就是"他踢球"这一事件的间接参与者。Huang (1992)认为，像"他哭醒了李四"中的复合词"哭醒"并不是真正意义上的致使性复合词,而是不及物复合动词"哭醒"的及物性用法。而像"这瓶酒醉倒了李四"中的"醉倒"才是真正的致使性复合词。而 Cheng(1997)则认为,二者的区分实际上是"内在(词汇性)致使动词"和"表面(句法性)致使动词"的区别。她还认为,由于二者的性质不同,二者的生成方式也就不同。"哭醒"的不及物和及物性用法的生成过程分别如下:

(29)a. $[_{VP}[_{V'}哭][_{VP} NP [_{V'} V [_{AP}[_A 醒]]]]] \rightarrow [_{IP} NP_i[_{I'} I [_{VP}[_V 哭-醒][_{NP} t_i]]]]$

b. $[_{IP}[_{NP} X][_{I'} I [_{VP}[_V 哭醒][_{NP} Y]]]]$

在(29)a 中,VP 内 NP 是受影响的论元,在 S-结构中移到了表层主语的位置。而在其对应的及物用法(29)b 中,受影响论元则不用移动,此时,VP 外的 NP X 以整个动词短语"哭醒"为谓语。而"醉倒"的非致使性和致使性用法的生成则分别如下:

(30)a. $[_{VP}[_V 醉][_{VP}[_V 倒]]] \rightarrow [_{IP} NP [_{I'} I[_{VP}[_V 醉倒]]]]$

b. $[_{IP} NP [_{I'} I [_{VP}[_V CAUSE][VP NP [_{V'}[_V 醉倒]]]]]]$

在 S-结构中,以"醉倒"为核心的 VP 是一个外论元 NP 的谓语,于是有了"醉倒"作为不及物动词的用法。如(30)b 所示,当在(30)a 的 S-结构之上再加上一个额外的致使性投射时,就会生成"醉倒"的致使性用法。Cheng(1997)同时认为,Huang(1992)所做的句法性致使的分析会对"追累"句式做出错误的预测,因为在她看来,"追累"根本就不可能会有间接致事,"追累"就只能被分析为像"哭醒"那样的内在致使性的复合词。

除了"追累"句式(1)是否有主语指向解读(1)b 这一判断外,我们认为,Cheng(1997)的分析至少还有另外两个方面的问题。一是其分析操作中"累"并入"追"的方向也是有悖于正常操作的右向操作。二是 Cheng（1997）所做的直接致事和间接致事的区分实际上忽视了意愿性在致使中所起的作用。就"那瓶酒醉倒了李四"这句而言,说"那瓶酒"没参与"李四醉倒了"这一事件是有些勉强的。实际上,(1)a 同(1)c 的区别在于,(1)a 中"陶陶"是有意使"友友"累的,也就是说,他是通过主动地而且有意地做了什么使得"友友"累了的;而(1)c 中"友友"累是因为他追"陶陶"的结果,"陶陶"其实什么都没做,他只是跑,就让"友友"累了,他并不是有意让"友友"累的。因此(1)a 同(1)c 之间关键不是直接/间接致使的区别,而是有意/无意致使的区别。

## 五、结语

总地说来,二十年来,生成语法学界对汉语"追累"句式的研究取得了丰硕的研究成果,也达成了一些共识,但也确实在某些方面存在争议。相关的争议可以总结为:(1)"追累"句式到底有几种可以被接受的解读？具体说来,解读(1)b 能否被接受？是否认为有必要对解读(1)a 和(1)c 做出进一步的区分？如果有必要,那么这两种解读之间的区别到底在哪里？(2)"追累"是在哪个层次上生成的？是在词汇层面还是句法层面？如果是在句法层面生成的,到底是并入生成的还是复合生成的？(3)若解读(1)b 可以被接受,那么(1)b 是不是一种致使性的结构？另外,该解读中的"友友"到底应该在句法上处理为什么成分？是类宾语还是真正的宾语？从句法上讲,如果认定"追累"句式的三种解读都可接受的话,那么,对三种解读下"追累"句式生成过程的推导有着不同的重点和难点:(1)a 推导重点是如何在句法操作过程中反映出汉语动结式"追累";(1)b推导的重点是如何对"友友"进行处理;而(1)c的推导重点则是在维持"谁追谁"原始语义关系的前提下,在句法推导过程中揭示受事论元是如何提升到句子表层主语的位置上去的。我们相信,随着将来研究的不断深入,上述几个方面的争论会越来越明晰。同时,由于"追累"句式是一种特殊的汉语动结式,对它的研究不可避免地涉及汉语动结式整体句法特性的研究和解释,因此,还有一些问题需要从不同语言类型对比的高度予以回答,如如何解释英汉两语言在动结式语序方面的差异?为什么汉语动结式会有施受颠倒现象?为什么汉语动结式后面会带有类宾语?作为一种动结式,为什么"追累"句式不会有(1)d这种解读?这些都是有待于今后研究才能解决的问题。

　　表面上看,"追累"句式的歧义现象好像是一种极端巧合的语言现象。但实际上,"追累"句式的主语指向和施受颠倒解读所反映的却是现代汉语在主宾语位置上论元的选择方面所呈现出的高度自由的语言类型特点。也就是说,汉语中出现在主宾语位置上的NP类型比较灵活,有些论元其实并没有像英语中那样严格按照主动词的论元结构来选择。现今学界对汉语动词的类宾语等宾语无选择性现象研究较多,但像"追累"解读(1)c中呈现的施受颠倒现象还没有引起学界足够的重视,尤其是对施受颠倒动结式中占据其主语位置NP的性质还有待学界更深入的研究。

**注释:**

① 动结式中的非次范畴化NP现象是指次范畴中不带宾语的不及物动词在表层句法中可以带上宾语,例如:

a. They laughed the man off the stage.
b. 妹妹哭湿了手绢。

这种现象直接给生成语法所长期坚持的以动词的论元结构为句法-语义界面的投射观提出了挑战。

②英语动结式中的辅助谓词一般为形容词或介词,多与主谓词分离,形成 SVOR 语序。

③英语动结式中的辅助谓词在语义上一般要指向宾语,这一规则被称为直接宾语限制(direct object restriction/DOR)。

④英语动结式中一般不会出现施受颠倒现象。但是,这种现象在英语中也并不是没有体现。英语中这种现象体现在 frighten 这样的心理动词的投射中。例如,The snake frightened Mary 这句话所反映的就是一种典型的客体在经验者之前的题元颠倒现象。

⑤在生成语法框架之外,学者们还从词汇-函项语法的词汇映射理论(何万顺 1997;Her 2007,2009)和认知语义学中的概念结构理论(沈家煊 2004;宋文辉 2007)等角度对"追累"句式的歧义现象做了卓有成效的研究。

⑥对于致使层级的批评,也可参见 Shi (1998)。

⑦同样,在讨论像"阿Q打得宝玉号啕大哭"这样的"得"字句的生成时,"得"也是嫁接在主谓词"打"的右边。

⑧熊仲儒(2004)中所讲的功能范畴也就是本文中所讲的功能语类。

⑨实际上,对于汉语动结式来讲,移位方向是一个很重要的问题。由于对汉语动结式的研究大都采用了辅助谓词做主谓词补足语的底层结构表征,为了让辅助谓词向上移动之后仍然位于主动词之后,很多研究就只好采用有悖于常规操作的右向嫁接操作(如 Cheng 1997,Zhang 2001,王立弟 2003 以及赵杨 2006 等)或者在句法推导中采用的句法操作不一致,如 Sybesma (1992,1999)的小句理论对汉语动结式的推导中,辅助谓词向上层的 AspP 的核心"了"嫁接时采用的是左向嫁接,而带上"了"之后的辅助谓词再向主谓词移动时采用的却又是右向操作了。

⑩运动事件和变化事件平行的理念是事件结构理论中一种重要的观点(Snyder 1995 等),在国内,沈家煊(2004)、宋文辉(2007)、周长银(2008)等也都是采用这一思路对动结式进行研究的。

⑪此处所讲的两个"了"的嵌入问题仅仅是对于"追累"句式的解读(1a)和(1b)而言的。单从汉语两个体标记"了"的嵌入角度讲,王奇的表征对于

"追累"句式的解读(1c)是可行的,因为汉语中的无意致使句式通常只会有一个"了"。对于"追累"句式的解读(1c)来讲,王奇的表征中主要的问题是没有标明无意致使事件内"友友追陶陶"的语义关系。

## 参考文献:

[1] Cheng, L. Resultative compounds and lexical relational structures [J]. *Chinese Languages and Linguistics*, 1997, (3): 167-197.

[2] Chomsky, N. A minimalist program for linguistic theory [A]. In K. Hale & S. J. Keyser (eds.). *The View from Building 20: Essays in Linguistics in Honor of Sylviain Bromberger* [C]. Cambridge, Massachusetts: MIT Press, 1993: 1-52.

[3] Chomsky, N. *The Minimalist Program* [M]. Cambridge, Massachusetts: MIT Press, 1995.

[4] Grimshaw, J. *Argument Structure* [M]. Cambridge, Massachusetts: MIT Press, 1990.

[5] Gu, Y. *The Syntax of Resultative and Causative Compounds in Chinese* [D]. Cornell University, 1992.

[6] Hale, K. & S. J. Keyser. On the Syntax of Argument Structure [M]. Ms: MIT, Cambridge, MA, 1991.

[7] Hale, K. & S. J. Keyser. The syntactic character of argument structure [A]. In I. M. Roca (eds.). *Thematic Structure: Its Role in Grammar* [C]. Dordrecht: Foris, 1992: 107-143.

[8] Hale, K. & S. J. Keyser. On argument structure and the lexical expression of syntactic relations [A]. In K. Hale & S. J. Keyser (eds.). *The View from Building 20: Essays in Linguistics in Honor of Sylviain Bromberger* [C]. Cambridge, Massachusetts: MIT Press, 1993: 53-109.

[9] Her, One-Soon. Argument-function mismatches in Mandarin resultatives: A lexical mapping account [J]. *Lingua*, 2007, 117(1): 221-246.

[10] Her, One-Soon. Apparent subject-object inversion in Chinese [J]. *Lin-

guistics, 2009, 47 (5): 1143-1181.
[11] Huang, C. R. Compounding and argument sharing in Mandarin Chinese: an account based on the autonomous morphology hypothesis [P]. Paper presented in the Theoretical East Asian Linguistics Workshop, University of California, Irvine, 1991.
[12] Huang, C.-T. James. Complex predicates in control [A]. In R. Larson (eds.). *Control and Grammar* [C]. Dordrecht: Kluwer Academic Publishers, 1992: 109-147.
[13] Li, Y. On V-V compounds in Chinese [J]. *Natural Language and Linguistic Theory*, 1990, 8(2): 177-207.
[14] Li, Y. Structural head and aspectuality [J]. *Language*, 1993, 69 (3): 480-504.
[15] Li, Y. The thematic hierarchy and causativity [J]. *Natural Language and Linguistic Theory*, 1995, 13 (2): 255-282.
[16] Li, Y. Cross-componential causativity [J]. *Natural Language and Linguistic Theory*, 1999, 17(3): 445-497.
[17] Mateu, J. *Argument Structure: Relational Construal at the Syntax-semantics Interface* [D]. Universitat AutÒnoma de Barcelona, 2002.
[18] Shi, D. The complex nature of V-C constructions [A]. In Gu Yang (eds.). *Studies of Chinese Linguistics* [C]. Hong Kong: LSHK, 1998: 23-52.
[19] Snyder, W. A Neo-Davidsonian Approach to Resultatives, Particles and Datives [A]. In Beckman, J. N. (eds.). *Proceedings of the North East Linguistic Society* 25 [C]. Amherst, Mass. : GLSA, 1995: 457-471.
[20] Sybesma, R. *Causatives and Accomplishments: The Case of Chinese Ba* [D]. Leiden University, 1992.
[21] Sybesma, R. *The Mandarin VP* [M]. Dordrecht: Kluwer, 1999.
[22] Tang, S.-W. The parametric approach to the resultative construction in Chinese and English [A]. In L. C.-S. Liu & K. Takeda, (eds.). *UCI Working Papers in Linguistics (Vol. III)* [C]. Irvine: Irvine Linguistics Students Association, 1997: 203-226.
[23] Zhang, N. The structures of depictive and resultative constructions in

Chinese [J]. *ZAS Papers in Linguistics*, 2001, (22):191-221.
[24] Zou, K. Resultative V-V Compounds in Chinese [J]. *MIT Working Papers in Linguistics*, 1994, (22):271-290.
[25] 邓思颖. 汉语方言语法的参数理论[M]. 北京:北京大学出版社,2003.
[26] 何万顺. 汉语动宾结构中的互动与变化 [M]. 台北:文鹤出版有限公司,1997.
[27] 李亚非. 补充式复合动词论[A]. 黄正德(主编). 中国语言学论丛(第三辑)[C]. 北京:北京语言大学出版社,2004:63-77.
[28] 沈家煊. 动结式"追累"的语法和语义[J]. 语言科学,2004,3(6):3-15.
[29] 宋文辉. 再论现代汉语动结式的句法核心[J]. 现代外语,2004,27(2):163-172.
[30] 宋文辉. 现代汉语动结式的认知研究[M]. 北京:北京大学出版社,2007.
[31] 熊仲儒. 现代汉语中的致使句式[M]. 合肥:安徽大学出版社,2004.
[32] 熊仲儒,刘丽萍. 动结式的论元实现[J]. 现代外语,2006,29(2):120-130.
[33] 王立弟. 论元结构新论 [M]. 北京:外语教学与研究出版社,2003.
[34] 王玲玲,何元建. 汉语动结构[M]. 杭州:浙江教育出版社,2002.
[35] 王奇. 并合与复合:第一语阶句法的跨语言研究[D]. 上海:上海交通大学,2006.
[36] 赵杨. 汉语使动及其中介语表征[M]. 北京:北京大学出版社,2006.
[37] 周长银. 单一界化限制与BREAK类结果句式的推导[J]. 现代外语,2008,31(3):228-237.

# 称呼语变异建构认同的模式之研究*

刘永厚

**摘要**：本文探讨了称呼语变异建构认同的模式，重点回答了三个关键的研究问题：(1)称呼语变异如何疏远和拉近人际关系？(2)称呼语变异如何启动说话者的态度评价？(3)称呼语变异如何改变言语交际力？文章强调在语言变异研究中，语体变异和说话者的主体能动性都应当置于显要的位置。本研究提出的称呼语变异建构身份的分析模式对语言的各种语体变异具有普适性意义。

**关键词**：称呼语变异；认同；主体性

**Abstract**: This article aims to build a model to demonstrate address variation's functions of constructing identities. In this model, identity can be constructed on three axes: relationship, attitude, and situational formality. In accordance, three types of identities are constructed: relational identity, attitudinal identity and situational identity. This model can hopefully be generalized to all types of stylistic variation in language.

**Key words**: address variation; identity; agency

---

\* 本论文得到北京市属高等学校人才强教计划资助项目和北京第二外国语学院2011年度科研基金资助。

# 一、称呼语研究和认同研究评述

## 1. 称呼语研究

目前,国内外称呼语研究主要有相关论和互动论两种研究路径。相关论(correlationism)认为称呼行为受规则制约,某些社会、文化、心理或语言因素影响、甚至决定着称呼语的选择,研究的一大任务就是找到这些变量,指出这些变量和称呼语使用之间的相关性,可能的话进一步假设其因果关系,所以此类相关性研究常常也被称为决定论(determinism)路向。Brown/Gilman(1960)、Brown/Ford(1961)、Ervin-Tripp(1972)、马宏基(1998)等众多国内外学者对称呼语的研究都采取了相关论的立场。尽管相关性研究在探讨语言结构和社会现实之间的关系方面做出了极大的贡献,但此类研究受到 Hymes(1972)、Kendall(1981)和 Mühlhäusler/Harré(1990)等学者的批评。Hymes 等人的立场被称为互动论研究路向。概括说来,这类研究认为语言选择不仅仅是社会认同的标志,话语者可以利用语言手段作为交际策略来在不同的语境中承担和实现不同的交际功能。语言符号承载着社会意义,语言使用者能够发挥主体能动性来自由地使用语言以实现各种交际功能。

下面对称呼语的研究现状和以上谈及的两个研究路向做一评述。第一,相关论/决定论研究提前假设称呼语是一个封闭和同质的系统,系统内有固定数量的称呼语变体,而人们会按照几乎相同的方式来选择和使用这些变体。而现实生活中称呼语的使用存在大量的变异现象,即不同群体之间、不同个体之间、同一个体在同一场合或不同场合对同一听话人或不同听话人使用不同的称呼语。相关性研究认为称呼语变异是规则的例外,是偶然的、没有意义的,所以不值得研究。但是实际上,称呼语的变异是有意义的,而且有规律可循,这正好体现了社会语言学"异质有序"的语言观。第二,相关性研究简单地在语言使用和静态的社会变量之间建立关系,但二者之间从来没有直接或单一的联系。称呼语不是各类认同的标志,会话者会发挥主体性,创造性地转换称呼语来实现许多交际目的,而这正是互动论强调的成分。互动论研究开始重视动态语言交际中说话人有意识的变异及其能够完成的各种交际功能。目前国内外学者对称呼语变异的研究还不够系统,大部分研究忽视了称呼语使用者的主体能动性和称呼语变异的交际功能。

## 2. 认同研究

认同(identity)又译"身份"或"人际关系",这一概念起源于16世纪晚期,引申自拉丁语 identitas(same),意指"可确认的品质"(The New Oxford Dictionary of English, 2002)。我们将认同理论归纳为三种路向:个体认同、社会认同、话语认同。

(1)个体认同

认同的心理学视角一般区分个体认同和社会(或集体)认同。个体认同指作为一个个体的自我定义,社会认同指作为一个群体成员的自我定义(Spencer-Oatey, 2007:640)。但是,要为个体认同找到一个令人满意的标准绝非易事。哲学家和心理学家们一直在探寻个体和其身体之间的关系以及自我的本质属性,他们探讨过生理、大脑、记忆和心理的持续性等标准在界定个体认同方面的作用。但是到底是什么能决定"我是谁",至今依然没有定论。个体的自我概念可能涵盖个体的个性特征、生理特征、意识形态、社会角色和群体身份等诸多内容。

(2)社会认同

"自20世纪后半叶,认同研究的社会学视角开始主要关注集体认同。像青少年、黑人、工人阶层这些标签被无可争议地视作认同的类型,同时也作为衡量社会行为和语言使用方面的社会变量"(Benwell/Stokoe,2006:24)。在20世纪七、八十年代,心理学家Tajfel和他的同事 Turner提出了著名的社会认同理论(Social Identity Theory)和自我归类理论(Self-Categorization Theory)。社会认同由个体的群体成员身份以及对此群体的认可度界定。社会认同理论和自我归类理论区分"内群体"和"外群体",前者指个体所属的群体,后者指个体非所属的群体。在日常生活中,人们在认知上总是维系着内群体和外群体的成员地位。人们的社会认同和其行为之间是一种因果关系,社会认同决定行为。这一立场在社会语言学的变异学派中得到体现。变异学派的研究者将现实划分为一系列有限的认同范畴,如男性、女性、工人阶层、中产阶层等,这些既定的社会认同与某种语言行为之间存在相关、甚至因果关系。

(3)话语认同

近年来,将集体认同视为本质的、永久的、静态的群体范畴这种观念开始受到心理学、社会学和社会语言学界的强烈批判。认同开始被视为一种社会实践过程,其本质是流动和不断变化的。话语实践在社会实践中具有核心地位,而认同并不简单地被表征在话语中,而是通过语言和非语言策略被不断建构。因为认同在话语中建构,此类认同被称为话语认同。De Fina/Schiffrin/Bamberg(2006)指出认同理论中最普遍的视角是社会建构论,它认为认同既不是一个既定的范畴,也不是一个结果,而是一种过程。这一过程(1)发生在具体交际情景中;(2)能生成多种认同,而非宏大的单一范畴;(3)非来自某一方,由会话双方协商产生;(4)需要实践建构。总之,社会建构论认为认同不是一种本质的、既定的、静态的范畴,而是一种能被会话双方协商和建构的动态行为。

## 二、称呼语变异建构认同的模式

本论文的重点在于回答三个关键的研究问题:(1)称呼语的变异如何疏远或拉近人际关系?(2)称呼语变异如何启动说话者的态度评价?(3)称呼语变异如何改变言语交际力?我们的主要观点是称呼语变异的主要隐喻功能是在话语者之间建构一种认同关系,而认同又可以从人际关系、态度和风格几个维度进行细化。我们由此构建的模式如下图所示。

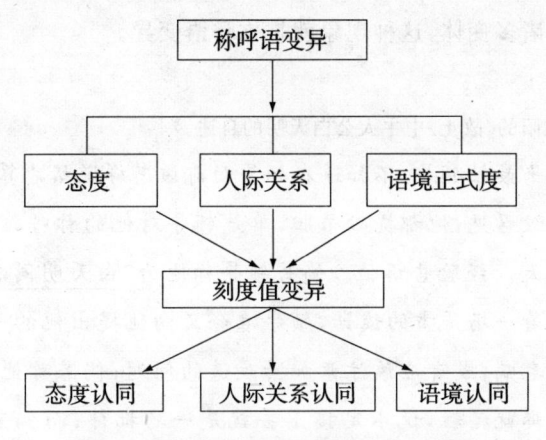

**图1 称呼语变异建构三类认同的过程**

这个简单的图表展示了称呼语变异建构认同的整个过程。模式由四个主要构件组成:称呼语变异、建构维度、刻度值变异和认同建构结果。请注意称呼语变异是认同建构的前提,认同建构的工作在人际关系、态度和语境正式度三个维度上进行,其中,人际关系处于核心地位。三个维度生成三类认同:关系认同、态度认同和语境认同。关系认同指协商人际关系,态度认同指凸显态度立场,语境认同指改变言语交际力和语境正式程度。这三类认同都是以说话者为中心的。刻度值变异这里简单阐释一下。称呼语在人际关系、态度和语境正式度三个维度上均可赋值,而每个称呼语所对应的各种值都不一样,称呼语变异会导致三类值发生变化。

　　本文的称呼语变异指的是一个话语者在称呼行为上表现出来的个体内语体变异。对于任何一个人际关系,一方对另一方最经常使用的称呼语是最无标记的,它就是称呼行为中的变项,但使用者在具体的场合、出于不同的交际需求会灵活地使用此变项,从而使其产生诸多变体,这种现象就是称呼语变异。

**例1**
(苏叔阳的《故土》中主人公白天明的自述。)
　　他生平最怕领导,不知道在领导面前该怎样说话才算得体,每次上级召见,他都提心吊胆,单是领导对他的称呼,就够他思索半天。经验告诉他,倘若领导称他为"<u>白天明同志</u>",这便意味着一场严肃的谈话,领导准会又向他提出他的一些该去掉的毛病,或者应该注意加紧改造的问题;倘若称他为"<u>白天明</u>",那就糟糕,说不定接下去就是一场批评;而倘若称他为"<u>老白</u>",这便是说,领导已经认可他属于地地道道的人民一分子,而且还有了点成绩让领导高兴;再倘若称他为"<u>天明</u>",这便是他的幸福,是可以让他沉浸在苦涩的快乐里许多许多天。

苏叔阳《故土》

此例中,"白天明"这个称呼语在具体使用中出现诸多变体,如:天明、老白、白天明、白天明同志。每个变体都承载着一定的交际功能。下面,本文将从人际关系、态度和语境正式度三个维度一一演示模式的运作机制。

## 三、模式演示

### 1. 协商人际关系

关系身份的建构探讨的是说话人如何利用称呼语变异来协商和重组人际关系。人际关系可分纵向和横向,纵向的人际关系指会话双方在社会地位、职务和权势等方面存在差异的人际关系;横向的人际关系指人与人之间的心理距离或感情距离,有时候也称为同等关系。对人际关系的重组包括拉近人际关系和疏远人际关系。前者可以通过将交际双方的权势差异最小化或将同等关系最大化来实现,而后者可以通过将交际双方的同等关系最小化或者将权势关系最大化来完成。在面对面的交谈中,说话人能够用称呼语变异来试图拉近或者疏远与听话人的距离,用言语来调整人际关系。下例,国外某公司某晚举行了一个派对,次日晨一年轻雇员看到公司董事长时,两人有如下对话。

例2

雇　员:[轻松地喊]　早,杰克!
董事长:[冰冷的语气]　早上好,琼斯先生。

Brown & Ford,1961:382

可能昨晚非正式的派对余味犹在,这位年轻的雇员原以为他和董事长之间熟悉到了可以互称名字的地步。他从之前的"董事长"这一称呼语转换到了"杰克"这一亲近称呼语来拉近彼此的关系。与此同时,他使用了一个非正式的招呼用语"早"。但是,董事长希望保持权威和距离,在回答中,他使用了一个正式的招呼语"早上好"和一个正式的称呼语"琼斯先生"。

在正常的情况下,领导不会对一个普通雇员使用如此正式的一个招呼语和称呼语,但在本例中,董事长同时使用了二者来拒绝雇员拉近关系的行为企图。这两个"有标记的"言语策略有很大的交际力,它们起到了一种警告的作用。它们传递的信息是"我是领导,别用名来称呼我!"我们可以断言,这个正式的称呼语"琼斯先生"一定会将这个鲁莽的雇员吓一大跳。之后,他恐怕再也不敢擅自对董事长使用"杰克"这一亲近的称呼语了。

地位平等的双方也会经常转换称呼语来调整和协商动态的人际关系,如下例所示。

例3

鸿渐冒雨到唐家。一见唐小姐,便知道她今天非常矜持,毫无平时的笑容,出来时手里拿个大纸包。他勇气全漏泄了,说:"我来过两次,你都不在家,礼拜一的信收到没有?"

"收到了。方先生,"——鸿渐听她恢复最初的称呼,气都不敢透——"方先生听说礼拜二也来过,为什么不进来,我那天倒在家。"

"唐小姐,"——也还她原来的称呼——"怎么知道我礼拜二来过?"

钱钟书《围城》第3章

本来方鸿渐和唐晓芙彼此欣赏,关系进展顺利,已经开始相互称名。但当唐晓芙听了苏文纨挑拨的话,她恨方鸿渐欺骗了她的感情。当方鸿渐来探望她,唐晓芙试图疏远他。谈话中,她使用了最初的礼貌性的、正式的"方先生"这一称呼语来减少他们之间的亲密度和拉大双方的距离。可恨方鸿渐小气,回复了一个疏远性的称呼语"唐小姐"。结果,加上误解等各种因素,两人的情感距离迅速拉大,爱情的火焰迅速熄灭。

**2. 凸显态度立场**

称呼语本身具有一定的评价功能,可以体现说话人对听话人的态度和感情,如"亲爱的"和"混蛋"分别表达了积极和消极的情感立场,"胆小鬼"和"大骗子"凸现了说话人对听话人行为的负面判断,"美女"和"帅哥"则包含了正面的审美评价。称呼语变异能够表达说话者对听话者和其行为的态度评价。说话人借助称呼语变异能够对听话人及其行为表达相应的情感立场、判断评判和欣赏评价。

很多学者倾向于将说话者态度和情绪变化视作称呼语变异的缘由,但我们要强调另一个侧面:说话人选择借助称呼语的转换来宣泄强烈的情绪和建构某种身份,其行为包含极大的主体性。称呼语变异能够表达一个人对另外一个人的正面情绪和积极态度,下例的称呼语就传递了说话人对听话人的喜爱之情。

例4

"满庚哥,我认了你做哥哥好吗?你就认了我做妹妹,既然我们没有缘分……"

"满庚哥,好哥哥,亲哥哥,……"过了一会儿,玉音伏在满庚肩上哭。

古华《芙蓉镇》

玉音对满庚的称呼语从她一贯的"满庚哥"转换为"好哥哥"和"亲哥哥",表达了她内心对这个她挚爱着的男人的火热感情。两个称呼语包含着"好"和"亲"这些积极的评价性语素,传递了正面的情感。称呼语的转换可以宣泄愤怒和恼火等负面情绪。话剧《日出》中,李石清被潘月亭开除,但很快潘月亭也濒临破产。

**例5**

李石清:经理,现在该我们两个人谈谈了。

潘月亭:你还要谈什么?

李石清:不谈什么,三等货要看看头等货现在怎么样了。

潘月亭:[跳起来]混蛋!

李石清:[竖起眉]你混蛋!

潘月亭:给我滚!

李石清:[也厉声]你先给我滚![冷笑]你忘了现在我们是平等的了。

潘月亭:[按下气,坐下]你小心,你这样说话,你得小心。

李石清:我不用小心,我家没有一个大钱,我口袋里尽是当票,我用不着小心!

潘月亭:小心有人请你吃官司,你这穷光蛋。

李石清:穷光蛋,对了。不过你先看看你自己吧!我的潘经理……你还不及一个穷光蛋呢……

潘月亭:[暴躁地敲着桌子]不要说了!不要说了!

李石清:我要说,我要痛痛快快地说,——你这老混蛋,你这天生的狗食,你瞎了眼,昏了头,——

曹禺《日出》第 4 幕

这个对话中处处充满着会话双方的态度。李石清对潘月亭称呼模式的转变如图 2 所示。他从非常礼貌的"经理"一直转换到"你这天生的狗食",表达了他对潘月亭的强烈不满和满腔的愤怒,压抑已久的情绪终于得到宣泄。

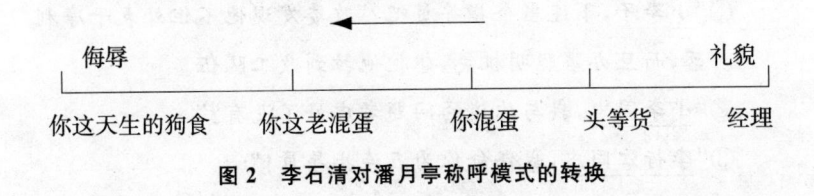

```
侮辱                                              礼貌
|-----------|-----------|-----------|-----------|
你这天生的狗食  你这老混蛋      你混蛋       头等货      经理
```

图 2　李石清对潘月亭称呼模式的转换

随着称呼模式向左转换,这些"有标记"的称呼语的评价立场变得越来越具有攻击性和诋毁性。这里有一个有趣的现象,随着李石清愤怒情绪的增加,他口中的称呼语也越来越长,从两个字的"经理"到三个字的"你混蛋"、"头等货",到五个字的"你这老混蛋",一直到七个字的"你这天生的狗食",称呼语越长,负面评价的词汇就越多,称呼语的整体评价也就越负面。如图 2 所示,上面对话中强烈的情绪和长的语言构式之间存在一种共现关系。

潘经理对李石清的称呼语也从以前的"石清"转换到了"混蛋"和"你这穷光蛋",表达了他的愤怒。会话双方的称呼语在表达彼此态度和情绪的同时,也为对方建构了某种身份和形象,如"穷光蛋"、"混蛋"和"头等货"等。不同的称呼语建构了不同的身份。

### 3. 改变言语交际力

不同类型的称呼语能够界定不同的正式程度,称呼语的转换也就可以自然而然地改变语境正式度。称呼语转换能够提高和降低交际中的语境正式度。此外,称呼语也可以充当施事词来以言行事和完成言语行为。因为说话人基此建构的身份类型和语境正式度紧密相关,故将此类身份命名为语境身份或者语体身份。

例6

(政委在三个场合对李行江使用了三个不同的称呼语)

①"小李子,下连当个指导员吧?"政委发现他不但外表干净利落,而且办事聪明机灵,想把他拉到政工队伍。

②"小李同志,我与你谈的问题考虑好了没有?"

③"李行江同志,我任命你为五连指导员!"

《架起一座没有河的桥》

在分析此例中的三个称呼语时,我们可以说三个不同的话题要求说话人使用三个不同的称呼语。随着会话题目变得越来越正式,政委对李行江使用的称呼语也变得越来越严肃。称呼语和话题之间有一种共现关系。

但是,更重要的是,政委有意识地使用三个截然不同的称呼语来表达不同的动机、改变会话正式度和完成三种言语行为。在第一个场合,政委使用了亲切地"小李子"来劝说听话人。在第二个场合,政委有意识地使用了稍微正式一点的"小李同志"。这个称呼语由含有私人感情的"小李"和正式的"同志"两部分组成,内涵非常丰富。政委用之的目的是使谈话显得更严肃,让听话人感受到此事的重要性。第三个称呼语"李行江同志"最正式。它由一个正式的姓名和一个更正式的政治称谓组成,不仅承载了提高语境正式度的作用,而且完成了将听话人任命为五连指导员的言语行为。下面的例子展现了称呼语转换履行"命令"行为的交际功能。

例 7

(Mother Amanda is in a quarrel with her son Tom.)

Amanda: Let me tell you, Tom—

Tom: I don't want to hear any more!

Amanda: You will hear more, you—

Tom: No, I won't hear more, I'm going out!

Amanda: You come right back in—

Tom: Out, out, out! Because I'm—

Amanda: Come back here, Tom Wingfield! I'm not through talking to you!

Tom: Oh, go—

Laura: [Desperately]—Tom!

Amanda: You're going to listen, and no more insolence from you! I'm at the end of my patience!

[He comes back toward her.]

Scene III, *The Glass Menagerie* by Tennessee Williams

在母子的争吵中,母亲为了让儿子回来听她训斥,她从儿子的昵称 Tom 转换到 Tom Wingfield（昵称＋姓氏）。后者更加正式,其言外交际力也更大。母亲使用这个言语策略的目的是命令和支配儿子。事实上,母亲 Amanda 特别擅长转换称呼语来实现各种目的。本剧第七幕,某日晚餐后,为了让儿子帮着她洗盘子刷碗,她说:"Thomas, get into this apron（托马斯,来系上围裙！）。"她使用比 Tom 更正式、更严肃的 Thomas 也是旨在提高言外交际力,从而使听话人服从。

正式的称呼语(尤其是职衔称谓)界定语境正式度,在称呼成分中增加正式的称呼词素能够提高语境的严肃性。相反,在正式场合使用非正式称呼语,或者关系疏远的交际双方突然使用亲近称呼模式能够使会话场合非正式化,从而降低交际的严肃性。亲近的称呼语界定非正式度,使用亲密的称呼语或者在正式的称呼语中去掉正式的称呼词素能够降低正式程度。

## 四、结语

我们研究的出发点是语言的本质并非是同质的,而是异质有序的。每一个语言变项皆有语言变体,人们在语言使用中存在大量的语言变异现象。表面看起来杂乱无章的语言和言语现象,实际上背后皆有规律和模式可寻。在语言和社会两者的关系上,本论文的主要观点是语言的社会建构观。我们认为语言和社会相互建构,说话人的语言选择不仅仅被动地反映静态的社会范畴,而且能够被用来建构话语者之间的身份关系。交际主体所有的语言选择都不同程度地含有说话者的主体能动性。社会语言学过去几十载一直重视语言的社会变异,忽视语言的语体变异,而本文强调在语言变异研究中,语体变异和说话者的主体能动性都应当置于显要的位置。本研究提出的称呼语变异建构身份的分析模式对语言的各种语体变异具有普适性意义。

**参考文献:**

[1]Benwell, Bethan & Elizabeth, Stokoe. *Discourse and Identity* [M]. Edinburgh: Edinburgh University Press, 2006.

[2] Brown, Roger & Albert, Gilman. The Pronouns of Power and Solidarity [A]. Paulston, Christina, Bratt & G., Richard, Tucker. *Sociolinguistics: The Essential Readings* [C]. Malden: Blackwell Publishing Ltd., 1960/2003: 156-176.
[3] Brown, Roger & Marguerite, Ford. Address in American English [J]. *Journal of Abnormal and Social Psychology*, 1961, 62 (2): 375-385.
[4] De Fina, Anna & Deborah, Schiffrin & Michael, Bamberg. *Discourse and Identity* [M]. Cambridge: Cambridge University Press, 2006.
[5] Ervin-Tripp, S., M. Sociolinguistic Rules of Address [A]. Pride, J. B. & Holmes, Janet. *Sociolinguistics: Selected Readings* [C]. New York: Penguin Books Ltd., 1972: 225-240.
[6] Hymes, Dell. Models of the interaction of language and social life [A]. Gumperz, John, J. & Dell, Hymes. *Directions in sociolinguistics: The ethnography of communication* [C]. New York: Holt, Rinehart & Winston, 1972: 35-71.
[7] Kendall, Martha, B. Toward a Semantic Approach to Terms of Address: A Critique of Deterministic Models in Sociolinguitics [J]. *Language & Communication*, 1981, 1(2/3): 237-254.
[8] Mühlhäusler, Peter & Rom, Harré. *Pronouns & People: The Linguistic Construction of Social and Personal Identity* [M]. Oxford: Basil Blackwell, 1990.
[9] Spencer-Oatey, Helen. Theories of Identity and the Analysis of Face [J]. *Journal of Pragmatics*, 2007, 39 (4): 639-656.
[10] Tajfel, H. *Social Identity and Intergroup Relations* [M]. Cambridge: Cambridge University Press, 1982.
[11] 马宏基,常庆丰. 称谓语[M]. 北京:新华出版社,1998.

# 多媒体网络技术对大学生自主外语学习能力的促进作用[*]

## 伏 力

**摘要**：现代多媒体网络技术的迅猛发展为促进大学生自主外语学习能力提供了良好的条件。本文旨在探讨自主学习理论，以及自主学习和现代多媒体网络技术之间的关系，提出在大学外语教学过程中，教师可以充分利用多媒体网络等现代信息技术手段，建构出一种理想的学习环境，培养大学生在外语学习中的自主性。

**关键词**：多媒体网络技术；自主学习；现代信息技术

**Abstract**: The rapid development of information technology has provided optimal condition for the development of learner autonomy. The paper aims to explore the concept of learner autonomy and the relationship between information technology and learner autonomy. It points out that in foreign language teaching at the college level, teachers should make full use of information technology to promote students' autonomy in their foreign language learning.

**Keywords**: information technology; learner autonomy; multi-media

---

[*] 本文得到了北京第二外国语学院"语言学与应用语言学研究基地"项目（学校210026）资助。

## 一、引言

21世纪是信息时代。信息社会的迅猛发展给大学外语教学提出新的挑战,而现代教育技术的广泛应用也为提高大学外语教学质量带来了新的契机。尤其是多媒体网络技术突飞猛进的发展与应用为促进大学生自主外语学习能力提供了良好的条件。

## 二、自主学习

自主学习这一观念最早起源于1971年欧洲委员会发起的现代语言研究项目。建立于70年代初的应用语言研究中心的负责人Holec在向欧洲委员会提交的报告中这样描述自主学习:

学习者的自主学习能力指的是学习者的一种自我管理学习能力,即自主决策学习过程的每一个环节,包括确定学习目标、确定学习内容和进度、选择学习方法和技巧、监控学习过程以及评估所学的内容(Holec, 1981:3)。

Holec(1981)对自主学习的定义强调学习者对于整个学习过程的管理和组织,而Little(1991)则强调,除了自我管理学习过程以外,自主学习能力还包含另一个重要的组成部分——认知能力。他认为"从根本上讲,自主学习能力指的是学习者具备自我判断能力、反思能力、决策能力和独立行动的能力"(Little, 1991:4)。

Benson(2003)认为,自主学习能力涉及学习者的学习能力及其对自主学习的态度,而学习者对于自主学习的态度以及自主学习的能力是可以后天培养的。Holec(1981:3)在他提交欧洲委员会的报告中也指出自主学习能力"不是天生的,而是通过自然的方式或者系统、有计划地学习培养获得的"。

Benson(2001)认为无论是在生活中,还是在学校里,学习者都有一种本能的愿望去控制整个学习过程,因此,培养学习者自主学习能力是一个完全可行的目标,因为大多数学习者都已经具备,并在某种程度上运用这种自主学习能力。这就需要外语教育机构在教学中重新组织教学活动,逐步培养学习者自主学习能力。

近三十年以来,自主学习在外语教学中的重要性被越来越多的人所认识。从人本主义教育理念来看,每一个学习者都享有不受教育机构的约束,就学习内容、方法等自己做出选择的权利。自主学习方式能够最大限度地使学习者解放自我,自我构建意义,这无论对于个人,还是对于社会都是有益的。

从心理学的角度,当学习者自己掌控学习过程的时候,他们的学习效果最佳,因为他们在学习过程中的认知,与他人的社会交往,情感各个方面(记忆力、意义建构、动机水平)都达到最佳水平(Dickinson, 1986;Broady & Kenning, 1996)。

从经济的角度上讲,随着科学技术的日新月异,正规的教育机构已经不能够持续地满足高速发展的社会对于人才不断更新其知识结构的需要(Carrè, 2005),因此,人们需要具备自主学习能力,来不断获取或更新自己的知识结构,来适应社会的不断发展和进步。

而现代信息技术为人们提供了平台,使学习者能够来不断获取新的知识或更新自己的知识结构。现代信息技术为人们实施真正意义上的自主学习提供了可能性。21世纪是信息时代。信息社会的发展不断给大学外语教学提出了新的挑战,而现代教育技术的应用也为提高大学外语教学质量带来了新的契机。尤其是多媒体网络技术突飞猛进的发展与应用为促进大学生自主外语学习能力提供了良好的条件。

《大学英语课程教学要求》把"培养学生的英语综合应用能力"和"增强其自主学习能力"作为大学英语教学的主要目标。《课程要求》要求各高校在教学模式上充分利用多媒体和网络技术,"以现代信息技术,特别是网络技术为支撑,使大学外语教学不受时间和地点限制,朝着个性化学习、自主式学习方向发展"。

传统意义上的由教师占主导地位的大学外语课堂教学已经不能满足信息时代发展的需要,教师的角色已经发生了深刻的变化。在过去,教师拥有和掌握所有的教学资源(教学材料、教学方法、教学评估)。他们负责传授教学的内容,学生只是从教师那里被动地吸收知识和信息,而随着现代信息技术的迅猛发展,教师已不再是信息和知识的唯一拥有者,学习者们也可以通过各种渠道来快速获取与外语学习相关的信息(例如通过互联网,百科全书,图书资料等)。因此,教师的作用不再只是传授知识和信息,而是培养学生的自主学习能力,即自我目标设定、自我监管、自我指导和自我评价能力。

教师的角色不再仅仅是"知识的传授者",而是一名"指导者"(facilitator)、"辅导者"(advisor),教师应该充分利用现代多媒体网络技术促进学生自主学习能力,培养他们对于信息的获取、筛选、加工、理解,做出正确判断的能力,使学生最终成为能够独立思考,独立行动的自主创新型复合人才。

在我们传统的大学外语教学中,教学的每一个环节都是由教师来控制的。例如,制订教学目标,选择学习内容,选择教学手段,评估教学效果。而在这种传统教学模式下,学习者已经习惯了教师来为他们寻找教学资料,为他们制订学习目标,评估他们的学习效果,久而久之,他们就习惯性地依赖教师,而不认为教学和他们有任何关系。

教师如果不给学习者们创造机会去培养他们自主地去寻找学习资料,自主地制订学习目标,自主地评估他们的学习效果,他们就会逐渐丧失这种能力。应用这样模式培养出来的人才很难适应新时代发展的需要。随着科学技术的不断进步,时代需要的是具备能够自主获取,分析和综合信息,能够独立思考,独立行动的,具有较强责任感的人,而不是一个始终离不开教师的被动的信息接受者。

教师应该帮助学习者使用最有效率的方法学习外语,掌握从庞杂的信息中筛选相关信息,并加以分析和综合加工的能力。教师的角色是一名"指导者"、"辅导者",教师应该充分利用现代多媒体网络技术促进学生自主式学习,培养学生们的交际能力,阅读能力,跨文化交际能力,对于信息的获取、筛选、加工、理解的能力,使学生最终成为能够独立思考、独立行动的自主创新型复合人才。

在大学外语教学过程中,"自由"和"控制"的尺度需要很好地把握,如果控制得过于严,学生们总是被告知做什么或如何做,那么教育就达不到任何目的,如果完全给予学生自由,那也就不能称其为教育了,因此要把握好两者之间的平衡。

大学外语教师应当努力创造出一种氛围或环境,使学生们能够有充分的空间去尝试,去失败,去实验,去调整,因此我们需要设计出一些有利于学生们自我发现、自我实验的教学任务和活动,使他们通过自己的努力完成这些任务,而不要给予过多的干涉,让学生通过自主决策学习过程的每一个环节来培养他们自主学习和自我管理学习过程的能力。

## 三、自主学习和现代信息技术

Motteram(1997)在《自主学习和网络》一书中指出"新的教育技术和自主学习长期以来一直存在着联系"。Warschauer and Healey(1998)将计算机辅助学习语言(CALL)的历史划分为三个发展阶段:behavioristic, communicative 和 integrative。

在第一个发展阶段,计算机辅助语言学习软件主要用于为学习者提供语法和词汇的训练,学习者对学习内容和学习节奏有一定的控制权,但是,计算机所起到的作用依然是"指导教师",其设计依然是基于行为主义语言学习理论。

到了第二阶段,许多计算机辅助语言学习软件的设计基于 communicative language teaching 的原则,软件设计了诸如 text reconstruction, game 和 simulation 等交际任务。计算机所起到的作用依然未能摆脱"指导教师"的作用;与此同时,在这一阶段词汇索引(concordance),资料库(database)的使用在一定程度上促进了学习者的自主性学习能力。

到了第三阶段,随着信息技术的不断发展,多媒体技术和超媒体技术,尤其是互联网被广泛使用。互联网为自主学习创造了良好的条件:学习者能够选择在任何时间学习,能够使用无限多的真实的学习材料来学习语言。互联网使得学习者对于学习内容拥有控制权(Benson, P, 2001)。

Cuba强调将计算机应用到教育领域主要有三个目标：

●使教育系统能够站在科技发展的前沿，同时使学生们能够获得将来他们在工作岗位需要的技能。

●提高教学和学习的效率。

●使学生们能够从事更多的自主性学习，学生们在教师的指导下积极主动地建构意义(1993:185)。

建构主义学习理论为提倡学习者之间的合作和交互行为提供了理论基础。Piaget的认知建构主义强调了学习过程是一个人基于个人原有经验进行意义建构的过程；而Vygotsky的社会建构主义则突出了教师的适当帮助对于提高学习速度和质量的作用。Vygotsky还注意到共同追求同一目标的孩子们会互相影响，彼此管理。

Vygotsky(1978)提出的社会建构主义理论指出：两个和多个学习者通过互相进行交流、分析、计划和综合，共同合作完成一项任务，有益于提高学习者的自主学习能力。促进学习者自主性主要取决于学习者之间的交流与合作，而现代网络技术就为教师提供了促进学习者之间交流与合作的可能性。

在大学外语教学过程中，教师可以充分利用现代信息技术，给学生布置一些研究性或协作式学习任务，用多媒体网络等现代信息技术手段建构出一种理想的学习环境，使之有利于培养学习者创造性的自主发现，自主探索协作式学习和创新能力。在此基础上实现一种能充分体现学生主体作用、主动性的全新学习方式。

基于互联网的活动最重要的特点就是它为学习者提供了协作学习的机会。互联网技术拓展了学习者之间,学习者和母语使用者,学习者和教师之间的交流和互动。互联网使得学习者能够对学习内容、过程拥有控制权。

自1990年以来,随着计算机网络的普及,针对在外语课堂上利用的基于网络的计算机辅助教学活动是否可以有效地促进学习者的二语习得,外语教学专家们进行了各种各样的研究。他们试图通过把基于网络的计算机辅助教学活动融入到教学当中去,以促进二语学习者学习外语。

Beauvois(1997)是较早开始将基于网络的计算机辅助教学活动融入到外语教学当中去的。在她进行的一项研究中,她在大学初级和中级法语课程中使用局域网和一个电脑软件来促进学习者相互之间,学习者和教师之间的讨论交流。她在研究中观察到在基于网络的教学活动中,学生们积极地参与讨论,而且他们的积极性很高,使用语言的数量远远超过传统课堂上的教师和学习者之间的面对面的语言交流,而且他们所使用的语言更加复杂,句法结构也更加多样化。她得出结论基于网络的教学活动为学习者们提供了良好的环境,有利于培养学习者的批判性思维,同时使学习者能够共同参与,共同分享,进行自主式学习。

Chun针对基于网络的计算机辅助教学活动进行了一项纵向研究。研究对象是学习德语的一年级的大学生。通过对学习者在基于网络的教学活动时所使用的语言进行分析,Chun证实了以往的研究,她得出结论:基于网络的计算机辅助教学活动是一种能够提高学习者语言交流能力的非常有效的方法,因为它能够为学习者提供更多的机会来进行各种各样的语言交流,他们所使用的语言词汇和句法都具备多样性,同时谈话是以学生为主体的,他们的积极性很高,学生们觉得可以自主地表达他们的观点和思想,可以自主控制谈话的内容。

Warschauer(1996)的研究还表明基于网络的计算机辅助教学活动使得二语学习者有机会能够共同建构知识,与传统课堂上的教师和学习者之间的面对面的语言交流相比较,这种交流模式使得二语学习者有更加平等和更多的机会来进行语言交流活动。基于网络的语言活动彻底改变了课堂教学的社会角色定位,因为学习者被赋予更多的权利来自主地进行语言交流活动,而取代传统的以教师为主体的教学模式。

在传统的外语教学中,学生处于从属于被动的地位。在多媒体网络环境下,学生可以使用多媒体课件自主学习,也可以利用丰富的网络资源进行自主化,探索式学习,学生可以决定在具体学习内容上花多少时间,查哪些资料,用什么方法等。真正成为自主的学习者。

自主学习意味着从"以教师为核心"的教学向"以学生为核心"的教学模式的转换,现代外语教师的最重要的任务是教会学生们如何去学习,学习如何去获取、选择、分析、评价所获得的信息。教师需要培养学生对所学习的内容积极思考,反思并做出正确判断的能力。

自主学习模式强调以语言学习者为中心,学习者在自己原有知识的基础上,在老师同学的合作配合下,主动探索建构新的知识。在新模式中,教师由知识传授者转变为助手、支持者、顾问、管理者和辅导者。其主要职责包括设计任务,激发学生学习兴趣,为学习者提供指导、帮助、评价和检测,以保障学习能高效地进行。

## 四、结语

学生利用多媒体网络技术进行自主学习,这种全新的学习方式能够充分体现学生的主体作用,这将无疑有助于激发学生的外语学习热情,使他们有充分的自由和空间来进行他们的外语学习,逐步提高他们的认知能力和组织管理学习的能力,成为真正意义上的自主、独立的人才。

在外语教学过程中,教师可以充分利用现代信息技术,给学生布置一些研究性或协作式自主学习任务,用多媒体网络等现代信息技术手段建构出一种理想的学习环境,使之有利于培养学习者在外语学习过程中的自主性。

**参考文献:**

[1] Benson, P. What is autonomy? [EB/OL]. http:// ec. hku. hk /autonomy/ 2004 - 10 - 20.

[2] Benson, P & Voller. P. Introduction: autonomy and independence in language learning [A]. In Benson, P & Voller. P. *Autonomy & independence in language learning* [C]. United Kingdom: Longman limited, 1997:57 - 69.

[3] Beauvois, M. H. High-tech, high-touch: from discussion to composition in the networked classroom [J]. *Computer Assisted Language Learning*, 1997, 10 (1): 57 - 69.

[4] Benson, P. *Teaching and Researching Autonomy in Language Learning* [M]. England: Pearson Education Limited, 2001.

[5] Ciekanski, M. Fostering the Learner Autonomy: Power and Reciprocity in Relationship Between Language Learner and Language Advisor [J]. *Cambridge Journal of Education*, 2007, 37 (1):111-127.

[6] Cuban, L. Computers meet the classroom: Classroom wins [J], *Teachers College Records*, 1993, 95 (2):185-210.

[7] Chun, D. M. Using computer networking to facilitate the acquisition of interactive competence [J]. *System*, 1994,22 (1): 17-31.

[8] Holec, H. *Autonomy and foreign language learning* [M]. Oxford: Pergamon, 1981.

[9] Jimenez, M. R. & Maria, J. P. Learner Autonomy and New Technology [EB/OL]. http://www.tandf.co.uk/journals, 2002.

[10] Little, D. 'Freedom to learn and compulsion to interact: promoting learner autonomy through the use of information systems and information technologies [A]. In R. Pemberton et al. *Taking control: autonomy in language learning* [C]. Hong Kong: Hong Kong University Press, 1996: 71-94.

[11] Littlewood, W. Defining and developing autonomy in East Asian contexts [J]. *Applied Linguistics*, 1999, 20 (1):71-94.

[12] Little, D. *Learner Autonomy 1: Definitions, Issues and Problems* [M]. Dublin: Authentik Language learning Resources Ltd. 1991.

[13] Motteram, G. (1997) Learner autonomy and the web [A]. In V. Darleguy et al. (eds.). *Educational Technology in Language Learning: Theoretical Considerations and Practical Applications* [M]. Lyons: INSA (National Institute of Applied Sciences), 2001:17-24.

[14] Vygotsky, L. *Mind in society* [M]. Cambridge, MA.: Harverd University press, 1978.

[15] Warschauer, M. Computer-assisted language learning: An introduction [A]. In S. Fotos (eds.)., *Multimedia Language Teaching* [C]. Tokyo: Logos International, 1996: 3-20.

[16] Yumuk, A, Letting go of control to the learners : the role of Internet in promoting an autonomous view of learning in an academic translation [J]. *Course Educational Research*, 2002, 44 (2): 141.

[17] 胡壮麟. China's English Education Reform: trends and issues [J]. 外语教育. 2005, 6(8): 7-9.

# 词汇知识在二语听力理解中的作用

张 晓 东

**摘要**：以英语专业二年级学生为受试,以专四、托福听力为实验材料,考查了词汇广度知识、词汇深度知识在二语听力理解中的作用。研究结果表明,词汇广度知识、深度知识与专四、托福听力总分及其各部分分数之间显著相关;词汇广度知识分别能够解释专四听力对话、短文、两部分总分差异的6%、9%、11%;词汇广度知识能够解释托福听力对话、总分差异的4%、8%;词汇深度知识能够解释托福短文听力理解差异的7%。词汇广度知识是二语听力理解成功的基础;词汇深度知识决定着听力理解的精确和深度。研究结论对听力教学有着重要的指导意义。

**关键词**：词汇广度知识;词汇深度知识;二语;听力理解;作用

**Abstract**: Taking sophomore students of English major as subjects and dialogues and passages of listening comprehension of TEM4 and TOEFL as experimental materials, this study aimed at examining the general role of lexical breadth knowledge and depth knowledge in second language listening comprehension. The results showed that lexical breadth knowledge and depth knowledge were significantly correlated with scores of the two parts and the

---

\* 本文受到了北京市教委科研基地-科技创新平台-二语习得理论与实践建设平台(PXM2010_014221_100559)及北京市教委2010年人才强教深化计划-创新团队-语言与认知项目资助(PXM21010_014221_101037)。

total scores of listening comprehension of TEM4 and TOEFL; Lexical breadth knowledge could explained 6%, 9%, 11% of variance of dialogue, passages and total scores of the two parts of TEM4, 4% and 8% of variance of dialogue and the total score of TOEFL listening comprehension; While lexical depth knowledge accounted for 7% variance of TOFEL dialogue. Lexical breadth knowledge is the foundation of proficient listening comprehension; while lexical depth knowledge determines the accuracy and profoundness in listening comprehension. These findings have significant implications to teaching in listening.

**Keywords**: lexical breadth knowledge; lexical depth knowledge; second language; listening comprehension; function

# 一、引言

如果把语言看做是一座大厦,那么词汇就是其全部建筑材料。离开了词汇,语言这座大厦也就成了一张空白的图纸。词汇是语言学习的基础;词汇知识则是言语认知加工、理解和习得的前提。已有研究表明,词汇知识是二语或外语阅读理解(Laufer 1992;Hu & Nation 2000;Mecartty 2000;Qian 2002)和听力理解(Mecartty 2000;Stæhr 2009)的重要预测因素之一。

词汇知识包括词汇广度知识和词汇深度知识。词汇广度知识指的是学习者的消极词汇知识,即了解一个词常用含义的能力(laufer & Paribakht 1998)。词汇广度知识的多少通常用词汇量来表示。词汇深度指的是词汇知识的质量,它反映的是学习者对词汇的了解程度。对于词汇深度知识的界定,主要有两种观点:一类是连续体观。这种观点认为,词汇知识是一个由不同水平和知识面组成的连续体。Dale(1965)将这个连续体分为五个阶段:1)我以前从未见过该词;2)我听说过该词,但不知道含义;3)我在语境中认识它,它与……有关;4)我知道该词;5)我能够把该词与其意义上有密切相关的其他词区分开来。另一类观点是成分分类法。该观点认为词汇深度知识应该包括该单词全部意义和用法的不同方面。例如,Nation(1990)认为全面的词汇知识应该包括形式、位置、功能和意义四大层面以及发音、书写、句法特征、搭配、使用频率、得体性、概念意义与词间联想八种类型。他同时认为,每个词汇知识类型又分"接受"和"产出"两种能力。可见,Nation 的理论不仅强调词汇知识,同时强调词汇的运用。

听力理解是一个极其复杂的认知加工过程,包括自下而上和自上而下的并行加工。自下而上的加工需要听者利用言语知识从基础的加工,如语音识别开始,然后辨认词汇,通达词义,形成命题,逐步达成对句子和篇章的理解。自下而上的加工则需要利用非言语知识(如语篇知识、背景知识、图式、推理等)在较大的层面对信息进行整合和加工,从而积极地构建语篇的情境模型。由此可见,词汇知识是听力理解的基础。听者首先需要具备一定的词汇量;同时还要通达词汇在上下文中的意义。

## 二、问题的提出

已有的研究表明,词汇广度知识是听力短文理解的重要影响因素。例如,Bonk(2000)在对日本学生英语听力理解的研究中发现,只有达到90%以上的认知词汇量,听力短文理解才能取得好成绩。Schmitt(2008)的研究表明,95%的词汇认知量是听力理解优秀成绩的保证。而Nation(2006)与Stæhr(2009)的研究发现,要成功理解由口语文本组成的听力材料,词汇认知量必须达到98%。

对于词汇深度知识与听力的关系,已有研究的结论并不一致。Stæhr(2009)以115名英语为二语的荷兰学习者为受试,通过词汇水平测试、词汇联想测试、剑桥英语考试中的听力测试分别考查受试词汇广度知识、词汇深度知识和听力,探讨了词汇知识和听力的关系。研究结果表明,词汇广度知识和深度与外语听力理解显著相关。词汇广度知识能解释听力成绩差异的47%,词汇深度知识对听力差异的解释量为2%。Mecartty(2000)考查了词汇知识和语法知识对阅读和听力理解的作用。受试是西班牙语为外语,英语为母语的大学二年级学生。研究结果表明,词汇知识和语法知识与听力和阅读理解能力显著相关。然而回归分析结果表明,只有词汇知识能够解释听力理解13%的差异。徐震(2009)考查了我国非英语专业大学生词汇知识与听力理解的关系。研究结果表明,词汇广度知识与听力理解显著相关,而词汇深度知识与听力理解相关并不显著。

虽然实验材料和受试各不相同,但在词汇广度知识对听力理解的作用上,已有研究结论较为一致。在词汇深度知识与听力理解的关系问题上仍然存在分歧,需要进一步考查。其次,标准的听力考试如大学英语四六级、英语专业四级及托福等通常包括对话理解、短文理解等其他部分。以往的研究通常只采用其中的某个部分(如Mecartty 2000)或将各部分分数相加作为听力理解分数(如徐震2009;Stæhr 2009)来分析词汇知识与听力理解之间的关系。缺乏对词汇知识与听力理解各部分之间关系的探讨。再次,当实验材料难度不同时,词汇知识的作用有何变化?以往研究大都只采用了一种实验材料,对于这个问题需要进一步的研究进行探讨。对同一个问题采用难度不同的实验材料进行探讨,研究发现或许能够更具有普遍价值或意义。针对以上不足,本研究将对如下问题进行考查:1)词汇广度知识、词汇深度知识与专四听力对话、短文理解及两部分总分之间关系如何?2)两种词汇知识能够在多大程度上解释专四听力对话、短文分数及两部分总分之间的差异?3)词汇广度知识、词汇深度知识与托福听力对话、短文理解及两部分总分之间关系如何?4)两种词汇知识能够在多大程度上解释托福听力对话、短文分数及两部分总分之间的差异?

## 三、研究设计

**1. 研究对象**

本研究的受试为北京某外国语学院英语专业二年级(2008级)237名学生,其中男生为185名,女生为52名,平均年龄为19.5岁。

**2. 研究工具**

本研究采用的词汇广度知识测量工具为 Nation(1990)编制的 Vocabulary Levels Test。该测试为同义选择题,分为2000词汇、3000词汇、5000词汇、学术词汇和10000词汇五个水平。每个水平包括10组题目,每组题目有3个给定的词汇,要求从6个备选单词中选出与给定单词意思最为相近的选项。词汇深度知识测试工具为 Laufer & Nation(1999)编制的 Productive Levels Test;

Version A。该测试为填空题,同样分为五个水平。每个水平包括 18 个题目,每个题目由缺少了一个单词的句子组成。要求根据给出的前 3 个字母填出正确的单词。拼写、单复数、时态错误均不得分。

为了使结果更具有可比性,听力测试分别采用 2002 年专四考试及托福考试(俞敏洪、胡敏 2001)旧题型中的对话和短文部分。专四听力中对话、短文理解部分各 10 道题,每题 1 分,总分 20 分;托福听力中对话部分 8 道题,短文部分 12 道题,每题 1 分,共 20 分。

### 3. 数据收集与分析

词汇测试在 2010 年 2 月份第三周进行,一周内测完。由 08 级 9 个班的基础英语教师进行,在测试前对测试教师进行了培训。测试时先进行词汇深度知识测试,再进行词汇广度知识测试,时间约为 60 分钟。

听力测试在 2010 年 2 月份的第四周完成。周一进行专四听力测试;为了避免疲劳效应,隔天进行托福听力测试。

缺失的数据由序列平均数补齐;数据使用 SPSS18.0 进行统计和分析。

## 四、研究结果与讨论

首先分别对两种词汇知识测量工具进行信度检验。词汇广度知识的内部一致性信度和分半信度系数分别为 0.82 和 0.80;而词汇深度知识的两个信度系数分别 0.76 和 0.82。由此可见两个测试工具具有较高的信度。

表 1　描述统计

| 变量 | TEM1 | TEM2 | TEML | TOEF1 | TOEF2 | TOEFL | VB | VD |
|---|---|---|---|---|---|---|---|---|
| 最小值 | 4 | 4 | 9 | 1 | 3 | 6 | 2166.67 | 824.78 |
| 最大值 | 10 | 10 | 20 | 8 | 12 | 19 | 9584.60 | 7594.00 |
| 平均数 | 7.74 | 7.81 | 15.55 | 4.78 | 7.88 | 12.66 | 5774.70 | 2843.28 |
| 标准差 | 1.24 | 1.24 | 1.89 | 1.41 | 1.72 | 2.42 | 1277.40 | 1095.13 |

注：TEM1、TEM2、TEML 分别为专四对话、专四短文、两部分总分；TOEF1、TOEF2、TOEFL 分别为托福对话、托福短文、两部分总分；VB、VD 分别为词汇广度、词汇深度。以下相同。

表 1 分别列出了专四和托福听力的对话、短文、两部分总分、词汇广度知识和词汇深度知识的最小值、最大值、平均数和标准差。

在词汇方面，受试群体的词汇广度知识量平均约为 5775 个，基本上达到了《高等院校英语专业教学大纲》对二年级学生认知词汇量 5500—6500 的要求。《大纲》要求能英语专业二年级正确使用的词汇需达到 3000—4000。然而受试的词汇深度知识量平均只有 2843 个，还没有达到要求。通过检查学生的词汇深度知识测试试卷我们发现，学生在词汇使用上存在着两方面的问题：单复数、时态、语态等语法错误多；拼写错误较多。此外，这次测试在 2 月份进行，第二学年还没有完全结束，也是词汇深度知识量没有达到要求的一个原因。

为了对比专四和托福听力测试之间的差异，分别对它们各部分分数及总分之间进行配对 T 检验，研究结果表明，二者在总分 ($t=16.14, p=0.000$) 和对话部分 ($t=25.56, p=0.000$) 之间差异显著，在短文部分差异并不显著 ($t=0.58, p=0.58$)。从表 1 可以看出，两种听力测试短文部分平均分差异只有 0.07。总体说来,托福听力的难度相对较大。这是由于托福听力的播放速度和词汇要求所造成的。

## 1. 研究问题 1:词汇知识与专四对话和短文及两部分总分之间的关系

表 2 列出了专四听力对话、短文及两部分总分、两种词汇知识之间的皮尔逊积差相关系数。首先,词汇广度知识与深度知识之间的相关显著($r=0.67, p<0.01$),达到了中等相关程度。这表明,二者所测的词汇能力既有相同之处,又有很大的不同。从测试工具上看,词汇深度知识测试需要通过语境即句子的意思激活词义,确定单词,然后才能填出拼写和语法的正确形式。由此可见,词汇广度知识即了解一个词的意义是词汇深度知识的基础,所以二者达到了中等程度的相关。第二,由于专四听力总分是由短文和对话两部分分数相加得来,专四听力对话、短文部分与两部分总分相关显著,达到了中等以上水平。第三,词汇广度知识、词汇深度知识与专四听力对话、短文及两部分总分之间相关显著,但相关程度较低,在 0.21 至 0.33 之间。这说明,两种词汇知识量越大,二语听力理解能力越强。

表 2 词汇知识与专四两部分及总分之间的相关系数

| 变量 | 1 | 2 | 3 | 4 | 5 |
|---|---|---|---|---|---|
| 1 TEM1 | 1 | | | | |
| 2 TEM2 | .23** | 1 | | | |
| 3 TEML | .78** | .79** | 1 | | |
| 4 VB | .23** | .28** | .33** | 1 | |
| 5 VD | .21** | .25** | .29** | .67** | 1 |

注:* 表示 $p<0.05$,** 表示 $p<0.01$,*** 表示 $p<0.001$ 表示以下相同

## 2. 研究问题 2：词汇知识对专四听力总分及各部分差异的解释量

**表 3　TEM 听力总分及两部分的回归模型**

| 模型 | $R^2$ | $R^2$ 变化 |
| --- | --- | --- |
| TEML | .12** | .11** |
| TEM1 | .06* | .06* |
| TEM2 | .10** | .09** |

为了考查两种词汇知识对专四听力总分差异的解释量，以词汇广度知识和词汇深度知识为自变量，以专四听力总分为因变量，采用强行进入的方法进行回归分析。结果表明，回归模型成立（F=15.29，P=0.000***）。词汇广度知识进入了回归模型（t=2.93，p=0.004<0.05），而词汇深度知识未进入回归模型（t=1.56，p=0.12>0.05）。词汇广度对专四总分差异的解释量为 11%。词汇广度对专四总分的预测模型为：Y = 0.0004X + 12.86。

为了考查两种词汇知识对专四听力各部分差异的解释量，我们以词汇广度知识和词汇深度知识为自变量，分别以对话和短文为因变量，采用强行进入的方法进行回归分析。结果表明，对话和短文的回归模型都成立（F=6.51，p=0.02<0.05；F=10.88，p=0.000<0.001）。词汇广度知识分别进入了对话和短文的回归模型（t=2.07，p=0.04<0.05；t=2.41，p=0.02<0.05），词汇深度知识未进入两个回归模型（t=0.78，p=0.44>0.05；t=1.31，p=0.19>0.05）。如表 3 所示，词汇广度知识分别能够解释对话和短文分数差异的 6% 和 9%。词汇广度知识对对话和短文部分的预测模型分别为：Y=0.0002X+6.55；Y=0.0002X+6.31。以上研究表明了词汇广度知识对 TEM 听力对话、短文及两部分总的重要性。

### 3. 研究问题 3：词汇知识与托福听力对话、短文及两部分总分之间的关系

表 4　词汇知识与托福听力两部分及总分之间的相关系数

| 变量 | 1 | 2 | 3 | 4 | 5 |
|---|---|---|---|---|---|
| 1 TOEF1 | 1 | | | | |
| 2 TOEF2 | .19** | 1 | | | |
| 3 TOEFL | .72** | .82** | 1 | | |
| 4 VB | .21** | .23** | .28** | 1 | |
| 5 VD | .15* | .28** | .28** | .67** | 1 |

由表 4 可以看出，首先，词汇广度知识、词汇深度知识与托福听力对话、短文及两部分总分之间显著相关，相关系数在 0.15 至 0.28 之间。除了词汇深度知识与托福对话之间的相关系数在 0.05 的置信区间上相关以外，其他各部分之间的相关系数都在 0.01 的置信区间。第二，两部分总分与对话之间的相关系数为 0.72，达到了中上等强度；与短文之间的相关系数 0.82，为高度相关。

### 4. 研究问题 4：词汇知识对托福听力总分及两部分差异的解释量

表 5　托福听力总分及各部分的回归模型

| 模型 | $R^2$ | $R^2$ 变化 |
|---|---|---|
| TOEFL | .09** | .08** |
| TOEF1 | .05* | .04* |
| TOEF2 | .08** | .07** |

为了探讨词汇知识对托福听力总分差异的解释量，我们以词汇广度知识和词汇深度知识为自变量，以托福听力总分为因变量，采

用强行进入的方法进行回归分析。结果表明,回归模型成立($F=21.44, P=0.000^{***}$)。词汇广度知识进入了回归模型($t=12.69, p=0.000<0.001$),而词汇深度知识未进入回归模型($t=1.86, p=0.07>0.05$)。词汇广度对托福总分差异的解释量为8%。词汇广度对托福听力的预测模型为:$Y=0.001X+9.33$。

为了探讨词汇知识对托福听力对话和短文的解释量,我们以词汇广度知识和词汇深度知识为自变量,分别以托福对话和短文为因变量,采用强行进入的方法进行回归分析。结果表明,对话、短文的回归模型分别都成立($F=11.14, p=0.001^{*}$; $F=19.38, p=0.000^{**}$)。在对话的回归模型中,词汇广度知识进入了回归模型($t=3.34, P=0.001<0.05$),而词汇深度知识没有进入回归模型($t=0.40, p=0.97>0.05$)。词汇广度知识对对话差异的贡献量为8%。词汇广度知识对对话的预测模型为:$Y=0.0002X+3.36$。在短文理解的回归模型中,词汇深度知识进入了回归模型($t=2.61, p=0.01<0.05$),而词汇广度知识没有进入回归模型($t=0.99, p=0.32>0.55$)。词汇深度能够解释对话差异的8%。词汇深度对短文的预测模型为:$Y=0.0004X+6.30$。

从表1和表4可以看出,词汇广度知识、词汇深度知识与专四和托福听力的对话、短文理解及两部分总分之间显著相关,这同Stæhr(2009)等人的研究结果较为一致。这说明,随着两种词汇知识量的增加,无论专四还是托福听力的对话、短文及两部分的得分都会提高。回归分析的结果也表明,词汇广度知识能够分别解释专四对话、专四短文、专四两部分总分、托福对话、托福听力总分之间6%、9%、11%、4%和8%的差异;而词汇深度知识能够解释托福短文差异的7%。尽管两种测试材料难度不同,但研究结果较为一致,进一步表明了词汇广度知识和词汇深度知识对二语听力理解的重要性。听力理解是连续的语音流,由于听者短时记忆容量的限制,致使其往往不能像在阅读理解中那样仔细回溯分析。如果这样做可能会错失后面的更多信息。所以,听者必须能够对词义自动加工,即听到一个单词后立即通达词义,才能更好地理解句子和篇章的意义。由此可见,词汇广度知识是听力理解的基础,它决定的是听者能够听懂材料内容的比例。词汇深度知识虽然不能解释专四听力及托福听力总分的差异,不能因此否认其在听力理解中的作用。通过词的句法结构判断词义,对多义词意义的选择等过程都离不开词汇深度知识。词汇深度知识是听力理解成功的保证,它决定了听力理解的准确性和深度。

徐震(2009)以高校非英语专业学生为被试探讨词汇知识与听力理解的关系研究发现,词汇深度知识与听力理解之间的相关并不显著。分析其实验材料我们发现,该研究采用词汇深度知识测试工具是白丽梅(2002)以英语专业学生为受试编制的词汇联想测试。该测试工具的适用对象为英语专业学生。实验工具的选择问题可能导致了其研究结果的偏差。

本研究发现,词汇广度知识对专四、托福听力理解总分差异的解释量分别为11%和8%,虽然实验材料难度不同,但研究结果较为接近。Mecartty(2000)的研究发现,词汇知识能够解释听力理解差异的13%。这同本研究结果较为一致。然而Stæhr(2009)的研究表明,词汇广度知识能够解释听力理解差异的49%。结论的不一致来源于受试和测量工具的不同。本研究受试为英语专业二年级第二学期的学生,词汇广度测试是同义词选择,而词汇深度知识测试是运用正确的形式填空。在Stæhr(2009)的研究中,受试为以英语为外语的高水平丹麦学习者,其中的40%在英语国家学习过至少5个月的时间;词汇广度知识测试使用的是Schmitt,Schmitt和Clapham(2001)编制的词汇水平测试(Vocabulary Levels Test),要求选择给定单词的定义;词汇深度测试工具是以Read(1993)词汇联想测试(Word Associates Test)为模板编制的,要求选择与给定单词相关联的选项。在Mecartty(2000)的研究中,受试为西班牙语为外语,英语为母语的大学第四学期学生;词汇测试使用的是词汇联想和反义词测试。虽然研究结果在数值上有差别,但可以肯定的是词汇广度知识在听力中起着重要作用。词汇量是听力理解成功的基础,决定的是听者能够听懂多少内容。只有对听力材料中词汇的意义能够进行自动加工,成功的听力理解才有可能。

Stæhr(2009)的研究表明,词汇深度知识能解释外语听力差异的2%,而本研究发现,词汇深度知识并不能解释专四和托福听力总分的差异。这可能与听力测试材料的题型有关。Stæhr采用的是剑桥熟练英语证书(Cambridge Certificate of Proficiency in English)考试2002年的材料,材料播放两遍。回答形式包括单项选择、完成句子和匹配。材料播放两遍有利于加深对内容的理解。同时完成句子这种测试形式不仅要求理解材料内容,同时还要考查单词拼写能力。而单词拼写能力是词汇深度知识的一个重要方面(Nation 1996)。我们所采用的无论是专四还是托福的对话和短文都要求在听过一遍后对问题进行单项选择。测试形式对词汇深度方面的知识要求并不高,因此词汇深度知识无法解释两种测试总分的差异。但词汇深度知识在听力理解中所起的作用并不能因此而受到忽视。

本研究发现,词汇深度知识能够解释托福听力短文理解分数差异的 7%。这和托福短文听力的难度有关。该部分旨在考查学生能否听懂美国大学讲座的内容,因此主题较为广泛。很多主题专业性较强,对词汇深度知识要求较高。例如,在第一篇主题为精神压力的短文中,对于压力的普遍性,分别用了"pervasive"、"permeate"、"escalated"等意义相关的词;而第二篇主题为铁路对芝加哥的影响,其中分别使用了"change"、"shift"、"transformation"等词来表示"改变";第三篇是对 Bentley 大学商学院的介绍,相对容易,但一些词的使用还是会给学生的理解带来难度。例如,"standout"表示"杰出的","ratio"表示"师生比","touch"表示"联系"。我们让学生根据相应的汉语意思给出的英语单词分别是"outstanding"、"proportion"和"contact"。这样就给学生的理解造成了一定影响。听到这些单词,学生不能立即通达词义,必须根据上下文来分析和确定词义。根据事后的调查,学生反映,托福短文听力难度在于不仅要求词汇量大,而且有些词"听着熟悉,但不能确定意义"。因此,词汇深度知识决定的是听力理解的精确性和深度。相比之下,两篇托福对话主题分别为体育运动和选修课注意事项,与学生的学习生活息息相关,为学生所熟知;两篇对话都是日常对话,对词汇深度知识要求不高。因此,词汇深度知识不能解释托福对话理解得分的差异。

综上所述,听力篇章词汇的难度、主题的熟悉程度以及题型可能是决定词汇知识作用的重要因素,可以作为以后研究考查的内容。

# 五、结论及教学启示

本研究结论如下:1. 词汇广度知识和词汇深度知识与专四和

托福听力对话、短文及两部分总分显著相关;2.词汇广度知识能够解释专四听力对话、短文、两部分总分差异的 6%、9%、11%;3.词汇广度知识能够解释托福听力对话及总分差异的 4% 和 8%;4.词汇深度知识能够解释托福听力短文理解 7% 的差异。由此可见,词汇广度知识是熟练听力理解的基础。而词汇深度知识则决定了听力理解的精确度和深度。

诚然,除了词汇广度和词汇深度这两个因素以外,二语听力影响因素还有很多,例如,短时记忆、工作记忆、元认知策略、认知策略、情绪、动机、注意等。由于时间、人力等方面的限制,本研究只考查了词汇广度知识和词汇深度知识这两个重要因素。以后的研究可以将其他因素包括进来,从而更全面深入地探讨各因素对听力的作用机制。

本研究的结论对英语听力教学具有非常重要的指导意义。词汇知识是听力理解的基础,它决定的是听者能够听懂多少内容。对听力教学来说,教师首先需要通过已有的研究使学生清楚词汇量对听力理解的重要作用。并且通过实例演示使学生明白,只有对单词词义形成自动化加工,听力理解才能达到熟练水平。而词义的自动化加工源于对单词在语篇中的反复接触。因此,单词记忆应该利用语篇,即放在上下文中进行;必须重视单词的听觉呈现,通过反复的听力练习,增加对单词的熟悉度。第二,词汇深度知识对听力理解的作用同样不容忽视。词汇深度知识在听力理解过程中决定着词义的选择和判断;在补全句子、回答问题等需要书写的题目中,词汇深度知识如拼写、语法形式至关重要。这需要学生在扩大词汇量的基础上,熟悉单词的发音、拼写、语法、搭配等词汇深度知识。从词汇深度测试中不难看出,学生在这两方面还存在着一定差距。第三,托福听力短文理解部分7%的差异来自于词汇深度知识。专业性较强的听力材料对词汇深度知识的要求较高。学生在练习某些专业性较强的听力材料时,可以首先熟悉某些专业词汇,这样可以提高听力练习效率,增强信心。其次总结这些专业词汇的使用规律和习惯用法,并通过听力练习的形式加以掌握,这样可以起到事半功倍的效果。总而言之,词汇知识的学习需要在广度和深度上同时下功夫。词汇能力提高了,听力能力也会得到相应的提高。

## 参考文献:

[1] Bonk, W. Second language lexical knowledge and listening comprehension [J]. *International Journal of Listening*, 2000, (14): 14 - 31.

[2] Dale, E. Vocabulary measurement: Techniques and major findings. *Elementary English* [J]. 1965, (42): 895 - 901.

[3] Hu, M. & I. S. P. Nation. Unknown vocabulary density and reading comprehension [J]. *Reading in a Foreign Language*, 2000, (13): 403 - 430.

[4] Laufer, B. How much lexis is necessary for reading comprehension? [A] In P J L Arnaud & H Bejoint (eds.). *Vocabulary and applied linguistics* [C]. London: Macmillan, 1992: 126 - 132.

[5] Laufer, B. & Nation, P. A vocabulary-size test of controlled productive ability [J]. *Language Testing*, 1999, (16): 33 - 51.

[6] Laufer, B., & Paribakht, T. S. The relationship between passive and active vocabularies: Effects of language learning context [J]. *Language Learning*, 1998, 48 (3): 365 - 369.

[7] Mecartty, F. Lexical and grammatical knowledge in reading and listening comprehension by foreign language learners of Spanish [J]. *Applied Language Learning*. 2000, (11): 323 - 348.

[8] Nation, I. S. P. *Teaching and Learning Vocabulary* [M]. New York: Newbury House Publishers, 1990.
[9] Nation, I. S. P. How large a vocabulary is needed for reading and listening [J]. *Canadian Modern Language Review*, 2006, (63): 59-82.
[10] Qian, D. D. Investigating the relationship between vocabulary knowledge and academic reading performance: An assessment perspective [J]. *Language Learning*, 2002, (52): 513-536.
[11] Read, J. A development of a new measure of L2 vocabulary knowledge [J]. *Language Testing*, 1993, (10): 355-371.
[12] Schmitt, N. Instructed second language vocabulary learning [J]. *Language Teaching Research*, 2008, (12): 329-363.
[13] Schmitt, N. Schmitt, D. & C. Clapham. Developing and exploring the behavior of two new versions of the Vocabulary Levels Test [J]. *Language Testing*. 2001, (18): 55-89.
[14] Stæhr, L. S. Vocabulary knowledge and advanced listening comprehension in English as a foreign language [J]. *SSLA*, 2009, (31): 577-607.
[15] 白丽梅. 英语词汇知识的广度和深度在阅读理解中的作用[D]. 西北师范大学, 2002.
[16] 高等学校外语专业教学指导委员会. 英语组高等院校英语专业教学大纲[M]. 北京: 外语教学与研究出版社, 2000.
[17] 徐震. 评估非英语专业大学生的词汇知识与听力理解间的关系[D]. 山东大学, 2009.
[18] 俞敏洪, 徐敏. 新东方 TOEFL 全真试题 20 套. 北京: 世界图书出版公司, 2001.

# 句法意识与儿童二语阅读能力发展的关系[*]

## 王晓华

**摘要**:文章总结了近年来关于句法意识与儿童第二语言阅读能力发展关系的研究,首先概括了句法意识的含义、测量方法及其与母语阅读能力发展的关系,然后总结了90年代以来句法意识与儿童二语阅读能力发展关系的研究,最后提出了有待进一步研究的问题。

**关键词**:句法意识;第二语言阅读能力;阅读理解

**Abstract**: This is a summary about the relationship between children's syntactic awareness and their L2 reading. It begins with the definitions of the metalinguistic awareness, and the tasks to measure it. This is followed by a detailed analysis of the studies concerning the contribution of syntactic awareness to L2 learners' word decoding and comprehension.

**Keywords**: syntactic awareness; L2 reading ability; comprehension

## 一、引言

阅读是第二语言学习的一项基本能力。现有的研究对于句法

---

[*] 教育部人文社会科学研究青年基金(10YJCZH194);北京第二外国语学院2011年度校级重点科研项目(11Ba013)。

意识在二语学习者阅读理解中的影响尚无定论。有关的研究多集中在母语学习者上,极少有研究探查二语儿童的阅读技能或比较母语和二语学习者的认知加工过程。鉴于国内这一问题研究相对较少,本文主要对国外近年来有关句法意识与二语阅读理解关系的研究做一总结,并提出今后研究的方向。相关的研究对于提高儿童阅读能力、预测儿童二语阅读能力的发展、发现儿童阅读困难都有着重要的现实意义。

## 二、句法意识定义与测量

句法意识是理解句法规则和操纵控制句法规则的能力,是个体反思句子的内在语法结构的能力。句法意识帮助学习者根据语法知识填补遗失的语音信息、对上下文提出假设,完成对语篇内容的理解。句法意识和语音意识都是元语言技能的重要方面,均受元认知能力发展的影响,是阅读理解的独立预测变量(Lefrancois,2003)。

从已有的研究来看,前人采用的测量方法主要包括:口头完形填空(oral cloze)、句法可接受性判断(sentence judgment task)、句法错误更正(sentence correction task)、错误句子重复、识别句子中被掩蔽的词等等。但是,句法意识的测量较容易受到其他语言或认知技能的干扰,例如在测量句法意识的同时还测量了语义,或者测量句法意识的同时受到工作记忆能力的影响,或者混淆了句法意识与句法知识等。因此,目前研究者通常会把多种方法结合起来使用,共同评估句法意识的发展水平(陈雅丽,2006)。目前的测量方法虽然很多,但是并不能完全控制语义因素和工作记忆能力等对句法意识测量所产生的影响。

## 三、句法意识与母语阅读能力发展关系

阅读是一个复杂的认知过程,受到多种认知成分的影响。根据简单阅读观(Simple View of Reading),阅读包括两个核心成分:字词解码(word decoding)和理解(comprehension)。解码是将视觉符号转化为意义符号的过程,是对词汇意义的理解能力;理解能力是指在词汇理解的基础上利用背景知识和推理技能将文章信息进行整合。对成功的阅读,二者缺一不可。据此,一般的英语阅读测试都包括字词解码和阅读理解两部分任务来测试不同层面的阅读。句法意识与阅读能力之间的关系也就是通过测试,判断句法意识与这两个核心成分之间的关系。字词解码可以通过多种具体方式来实施,如单词辨认、假词拼读、读音同异判断等等。而对阅读理解的测试一般采用篇章阅读测试。

目前,句法意识与阅读发展相关的研究和理论主要来源于对母语阅读的研究(Lesaux,2006)。早期的句法研究的内容不够广泛深入,大多局限于简单地探讨句法意识与阅读成绩之间是否存在相关性。大部分研究发现句法意识的发展和阅读发展相关,如Tunmer and Hoover(1992)发现二年级的高分读者和四年级的低分读者的句法意识都与阅读理解成绩高度相关。Siegel and Ryan(1989)研究了7-14岁正常儿童和阅读困难儿童的包括句法意识在内的认知技能与阅读理解间的关系,发现句法意识成绩和阅读理解成绩间显著相关。

90年代以后,研究重点转向"句法意识是如何影响阅读能力

发展"的议题上来(陈雅丽,2006:55),其研究更加细致和深化。首先,一些研究者(Shankweiler, 1992; Gottardo, 1996)认为,句法意识是通过语音的中介对阅读发生作用的,语音意识是阅读理解能力更有力的预测因素。但大多数研究者更倾向于认为句法意识可以直接预测阅读能力的发展。Muter(2004)等人在一项纵向研究中,考察了包括句法意识在内的认知因素与阅读的关系。研究结果显示,虽然句法意识对单词认读成绩的影响不及语音技能,但是对于课文阅读理解能力来说,句法意识预测了课文阅读理解的成绩,而语音技能则没有作用,这表明句法意识可以独立地影响高水平的阅读理解。Plaza & Cohen(2003)以 267 名一年级儿童为研究对象,测量了三种认知因素与阅读能力的关系。在把三者作为自变量对阅读进行回归分析时发现,句法意识可以独自解释方差变异的 14%,并达到显著,表明在语音能力被控制后,句法意识能够解释书面语言变异。此外,研究开始涉及儿童认知能力的发展对句法意识和阅读之间关系的影响。Demont & Gombert(1996)对 23 名幼儿园儿童进行了为期四年的纵向研究,探查语音意识和句法意识与阅读的两个成分编码和理解之间的关系。结果发现,随着儿童年龄的增长,句法意识对儿童阅读理解的预测作用变得越来越重要,而语音意识对阅读的贡献不如句法意识对阅读的贡献大。句法意识对阅读能力的发展的影响可能随着施测年龄的不同而呈现出差异。

虽然在某些问题上还未达成一致,但经过数年的研究,学者们一致认为句法意识是预测母语儿童阅读能力发展的重要因素,是独立于语音意识的阅读预测变量。

## 四、句法意识对二语学习者阅读能力发展的影响

虽然大量研究肯定了句法意识是影响儿童母语阅读能力获得和发展重要的认知因素,但它在多大程度上可以影响或预测二语儿童阅读能力发展的状况尚无定论。近几年该领域更加关注二语儿童句法意识与二语阅读能力的关系、与 L1 儿童句法意识的比较、以及在不同层次阅读中发挥的作用。

一些研究显示,句法意识与二语儿童的阅读显著相关,是阅读重要的预测因素。Da Fontoura 等人(1995)以学习英语的葡萄牙语儿童为研究对象,发现被试在两种语言上的句法技能与他们的阅读技能显著相关。Geva 和 Siegel 在对学习希伯来语的英语儿童的研究中也有同样的发现(Low,2005)。在国内的研究中,龚少英等(2009)探查了 67 名初一汉语母语学生的句法意识、语音意识、工作记忆对不同层次阅读的影响。回归分析发现,英语句法意识是单词认读、句子和短文阅读理解的最强有力的预测指标,而英语语音意识只对短文阅读理解有显著的预测作用,对单词阅读和句子理解没有显著预测的作用,表明英语句法意识是初一学生英语阅读的重要预测变量。王燕等(2002)的研究则发现,初三和高一英语学习不良儿童在句法意识上的成绩显著低于英语学习成绩优秀的学生,英语学习不良学生的句法意识是预测英语短文阅读理解能力的预测变量之一。但是,不同于语音意识的跨语言迁移性,尚没有证据表明句法意识也可以在不同的语言间进行迁移。

一些研究显示,ESL 儿童即使与 L1 儿童在大部分的认知和语言变量测量中都没有差异,如二者有相同水平的单词认读技能,其英语句法知识也远落后于 L1 儿童(Da Fontoura et al., 1995; Gottardo et al., 1996; Lesaux & Siegel 2003; Low, 2005)。Low (2005)等人在一项研究中,考查了英语母语儿童和 ESL 儿童的语音意识、句法意识、工作记忆对阅读理解的贡献。他们把语音意识、语音解码、句法意识和言语工作记忆作为预测变量,单词认读和阅读理解作为因变量,对加拿大某校区小学六年级的 884 名英语母语儿童和 284 名 ESL 儿童(平均年龄:11.43 岁)进行了研究。阅读能力通过单词识别和单词阅读流畅性以及两种篇章阅读理解任务测量。句法意识口头完形任务测量。结果表明,尽管 ESL 组语音意识和工作记忆成绩与 L1 组没有显著差异,但 ESL 组在句法成绩和篇章阅读成绩上显著低于 L1 组。回归分析结果显示,句法意识对篇章阅读理解任务的贡献大于其他认知机制,这表明 ESL 组在句法意识技能上的欠缺可能是导致他们篇章阅读成绩低于 L1 组的原因。这一研究结果与 Verhoeven(1990)的研究结果一致。在他的研究中,学习荷兰语的土耳其儿童由于句法意识的缺乏,尽管他们的单词认读水平与 L1 儿童持平,但其阅读理解的成绩显著低于荷兰母语儿童。

不同的结果来自 Lesaux(2006)等人的研究。他们在一项纵向研究中,考查了包括句法意识在内的认知技能对于英语母语和 ESL 学习者阅读理解的影响。他们以 395 名英语母语儿童和 85 名 ESL 儿童为研究对象,时间跨度从幼儿园到小学四年级,分两次施测:第一次在幼儿园期间测查语音、句法和工作记忆。第二次在小学四年级时,除以上三项外,还测试了儿童的词汇和篇章阅读能力。其中句法意识的测量采用了口头完形任务。在这项研究中,ESL 组在句法意识和言语工作记忆两项成绩上显著低于 L1 组,其中 ESL 组高分读者句法意识的成绩甚至低于 L1 组低分读者。多元回归结果显示,对于 L1 和 ESL 组,儿童在幼儿园和在四年级时的句法意识、语音意识和工作记忆均可以预测其在四年级时的篇章阅读成绩,其中句法意识的预测作用最大。尽管预计 ESL 组的篇章阅读成绩受到其句法意识的影响,应该低于 L1 的成绩,但研究数据显示,ESL 组的篇章阅读成绩与 L1 的成绩没有显著差异。研究者认为,这可能是由于测试篇章较短、较容易造成的,但随着年级的升高,阅读材料逐渐增长,句法结构更加复杂,语言内容更加丰富,ESL 学习者在句法意识上的欠缺就会在学习中显现出来。研究者建议,由于这些 ESL 学习者尚未接受任何 ESL 教学,正规的二语语法培训可能有益于他们句法意识的提高(Lesaux,2006:122)。

还有研究显示,句法意识在 ESL 学习者不同层次的阅读中发挥的作用不同。Lefrancois and Armand(2003)在对 38 名 9—11 岁的母语西班牙语的儿童在学习法语七个月后进行了 L2 语音和句法任务的测试。结果显示,L2 语音意识是 L2 单词解码的最好的预测变量,而对于篇章阅读,语音意识的作用不及 L2 句法意识。研究表明,对于课文阅读理解能力来说,句法意识预测作用显著,高于语音技能的作用。Low(2006)的研究也得到同样的结论。该项研究的相关分析显示,语音加工与单词认读的两项任务相关度最高,达到.74 和.75。回归分析结果表明,在篇章阅读理解任务中,认知加工因素对 ESL 组的贡献依次为:句法意识、工作记忆,语音意识贡献最小。这一研究结果表明,不同的元语言意识可能影响阅读理解的不同方面,对于低水平的阅读理解,单词认读,语音加工起重要的作用,句法意识次之,但是对于高水平的篇章阅读理解,句法意识起着更为重要的作用。

综上所述,句法意识与二语儿童的阅读显著相关,作用于高层次的篇章阅读理解。但是,尽管 ESL 儿童身处英语环境多年,仍然不足以让他们赶上 L1 儿童的句法意识水平,他们的二语阅读能力发展因此受到制约。但由于不同的研究中测试阅读的任务不同,有单词认读、句子阅读理解或篇章阅读理解,使得这些研究的结果也不尽相同。

## 五、结语

虽然有关句法意识对二语阅读理解的研究还存在分歧,但达到的共识是句法意识是二语阅读理解的重要预测变量,可以解释二语阅读理解的显著变异,作用于高层次的篇章阅读。正规的句法意识教学有益于提高二语学习者相应的元语言意识,进而推动他们的二语阅读能力的发展。

从目前的研究状况来看,今后的研究可以在以下方面进行:1.二语句法意识发展与母语的句法意识发展有何不同?如何影响二语阅读?2.随着二语学习者年龄学龄的增长,句法意识对二语阅读的影响如何发展?是否存在二者的关系随年龄变化的规律?3.成人二语学习者的句法意识对阅读理解的影响与儿童二语学习者有何异同? 4. 非拼音文字的句法意识与阅读能力发展的关系与拼音文字与阅读能力的发展有何异同?

**参考文献:**

[1] Da Fontoura, H. A. and L. S. Siegel. Reading, syntactic and working memory skills of bilingual Portuguese-English Canadian children [J]. *Reading and Writing*, 1995, (7):139-153.

[2] Demont, E. & J. E. Gombert. Phonological awareness as a predictor of recoding skills and syntactic awareness as a predictor of comprehension skills [J]. *British Journal of Educational Psychology*, 1996, (66): 315-332.

[3] Gottardo, A., K. E. Stanovich, & L. S. Siegel, The relationships between phonological sensitivity, syntactic processing, and verbal wording memory in the reading performance of third-grade children [J]. *Journal of Experimental Child psychology*, 1996, (63): 563-582.

[4] Lefrancois, P. & F. Armand. The role of phonological and syntactic awareness in second-language learning: the case of Spanish-speaking learners of French [J]. *Reading and Writing: An interdisciplinary Journal*, 2003, (16): 219-246.

[5] Lesaux, N. K., O. Lipka, & L. S. Siegel. Investigating cognitive and linguistic abilities that influence the reading comprehension skills of children from diverse linguistic backgrounds [J]. *Reading and Writing*, 2006, (19): 99-131.

[6] Low, P. B. & L. S. Siegel. A comparison of the cognitive processes underlying reading comprehension in native English and ESL speakers [J]. *Written Language & Literacy*, 2005, 8 (2): 207-223.

[7] Muter, V. et al. Phonemes, rimes, vocabulary, and grammatical skills as foundations of early reading development: evidence from a longitudinal study[J]. *Developmental Psychology*, 2004, 40 (5): 665-681.

[8] Plaza, M. & H. Cohen. The interaction between phonological processing, syntactic awareness, and naming speed in the reading and spelling performance of first-grade children[J]. *Brain and Cognition*, 2003, (53): 287-292.

[9] Shankweiler, D. et al. Identifying the causes of reading disability[A]. In P. B. Gough, L. C. Ehri, & R. Treiman (eds.). *Reading Acquisition* [C]. Hillsdale, NJ: Erlbaun, 1992: 275-305.

[10] Siegel, L. S., & E. B. Ryan. Development of grammatical sensitivity, phonological, and short-term memory skills in normally achieving and learning disabled children[J]. *Developmental Psychology*, 1989, 24 (1): 28-37.

[11] Tunmer, W. E., & W. Hoover. Cognitive and linguistic factors in learning to read[A]. In P. B. Gough, L. C. Ehri, & R. Treiman (eds.). *Reading Acquisition* [C]. Hillsdale, NJ: Erlbaum, 1992: 175-214.

[12] Verhoeven, L. Acquisition of reading in a second language [J]. *Reading Research Quarterly*, 1990, (25): 90-114.

[13] 陈雅丽,陈宝国. 儿童句法意识与阅读能力发展的关系[J]. 心理科学进展,2006,14 (1): 53-59.

[14] 龚少英,徐先彩,叶晶等. 初一英语语音意识、句法意识、工作记忆与英语阅读的关系[J]. 湖南师范大学教育科学学报, 2009, 8(1): 91-95.

[15] 王燕,林崇德,余国良. 英语学习不良儿童语音能力与阅读理解的关系[J]. 心理学报, 2002, 34 (3): 279-283.

# 也谈方言岛问题*

## 王 伟

**摘要**：作为一个单独的研究对象,方言岛问题逐渐引起我国语言学家的重视。但是,不同学者在方言岛的定义等基本问题上仍存在分歧。研究方言岛问题尚缺乏统一的理论框架。本文旨在讨论方言岛问题的研究意义和研究思路,为深入探讨该问题提供语言事实和理论基础。

**关键词**：方言;方言岛;普通话;语言规划

**Abstract**: The phenomenon of dialect island has been gradually recognized and studied by Chinese linguists in recent years. However, linguists hold different opinions on some basic issues related to dialect island such as its definition. The relevant researches still lack unified theoretical framework. The present research attempts to discuss the significance, framework and methodology of studying dialect island in order to provide language facts and theoretical foundations for further research.

**Keywords**: dialect; dialect island; Putonghua (Mandarin Chinese); language planning

---

\* 本文系2008年全国英汉语比较研究会会议论文。

## 一、引言

众所周知,方言研究在我国历史悠久,是我国传统语言学研究的一个重要组成部分,本文不再赘述。而语言学家真正开始关注方言岛问题则始于20世纪90年代。郭熙(1995)调查并论述了苏南地区的河南方言岛群。庄初升(1996,2001)论述了汉语方言岛问题,并重点调查了闽南方言岛。游汝杰、徐波(1998)报告了浙江慈溪的一个闽语方言岛(燕话)。王其敏、林滨(2001)并未专门论述方言岛问题,但指出了天津话与普通话的语音差异(声母、韵母、变调等方面),为论证天津方言岛提供了语言事实依据。陈晓锦(1999)调查了广西容县客家方言岛。李连进(2000)调查了南宁近郊平话方言岛。黄晓东(2004)在其博士学位论文中,考察并报告了浙江安吉县官话方言岛。曹志耘(2005)以吴徽语区为例探讨了方言岛的形成和消亡。此外,彭泽润,彭建国(2001),张耀光、孙惠、彭湃(2003),林伦伦、林春雨、许泽敏(2005)也分别讨论了方言岛问题。

不难看出,方言岛问题已逐渐成为汉语语言学领域内的热点问题,本文将讨论该问题的研究意义和研究思路,旨在引起同行的共鸣,起到抛砖引玉的作用。

## 二、研究意义

首先,我们认为应当廓清方言岛问题的研究意义。研究方言岛问题,可以有效地保护汉语方言,维护汉语方言的多样性。维护方言的多样性与大力推广普通话应该是并行不悖的,不应当在语言一体化的进程中摧毁甚至消灭弱势方言,这对于维护我国文化的多样性以及构建和谐社会是非常不利的。在《危机下的中文》一书中,潘文国(2008:17,20)指出:

"推普的结果在客观上正在出现我们所不愿看到的情况:方言的萎缩和消亡。[……]方言是汉语宝贵的语言资源,失去了方言滋养的普通话,将会失去其生动鲜活的神韵。如何使方言和普通话并存共荣,共同发展,是个摆在全国人民和语言学者面前的一大难题。"

一方面,我们要继续大力推广普通话,这对于维护祖国统一、促进经济发展、加速信息化建设是大有裨益的。但是,推广普通话不应当以牺牲方言为代价,这样会损害各地人民的文化认同感。许多弱势方言(例如站话、船话)是以方言岛的形式存在的,而面对普通话和周围强势方言的冲击和挤压,这些方言实际上已处于灭亡的边缘。另一方面,保护方言也要有一个度——即不妨碍普通话的推广,假如超过这个度,保护方言就可能演变为方言主义,损害各地人民团结。例如,在某些强势方言区域内(上海,香港),操沪语和粤语的部分民众歧视操普通话或外地方言的人士,这是违背和谐社会精神的,因此,保护方言和推普的确是一大难题。通过田野调查对方言岛内的方言进行描写报告,不失为保护弱势方言的有效方法。

## 三、研究思路

我们认为,搞清楚该问题的研究意义是较为容易的,而研究方言岛问题的真正难点在于研究思路。传统的方言岛调查，往往局限于方言地理学的框架之下，这样就限制了研究过程中理论体系的运用。在理论体系方面，我们不妨大胆参考国外方言研究的研究思路。Chambers & Trudgill (1998/2002) 成功地把社会语言学(城市方言学)、方言地理学以及空间变异整合在一个连续统一的理论原则之下，为印欧语言的方言研究开创了新思路。受到王士元"词汇扩散理论"(参见 Cavalli-Sforza & Wang 1986)的影响，Ogura (1990)，Ogura，王士元，Cavalli-Sforza (1991) 提出了动态方言学的方法，它在空间和地域等方面整合了语言研究，揭示了词汇扩散是如何经历时间在空间上进行的。生物遗传学、统计学的方法也被应用到语言学和方言学研究中。例如，运用词源统计方法(glottochronology)进行计算，王士元(1994)认为，厦门话和北京话已经分离 1500 年左右。Ogura，王士元（2004）还论述了动态方言学和复合适应系统。

其实，我国语言学家也早已认识到了理论整合对于方言岛研究的重要意义。郭熙(1995)在调查苏南地区的河南方言岛群时指出该研究兼跨"语言学、历史学、社会学"等领域：

"苏南河南方言岛群的研究必将给语言的研究提供更多的语言材料，它对于语言地理学、历史语言学、社会语言学、文化语言学等学科的研究也有很大的价值。[……]

事实上，可以河南方言岛群为研究对象的学科不止上面几个。例如地名学、民俗学等学科均可从中获取大量的成果。更进一步说，如果上面所列的各种学科还都是分离的话，那么上述各学科的互相联系和渗透，例如语言学和文化学、地名学和历史学、语言学和历史学等，则可能给人文科学、社会科学带来更有理论和实践意义的成就。"

虽然我们早已认识到方言岛研究需要统一的理论体系,但是我们在理论建设方面所做的工作还不太令人满意。由于缺乏连续统一的理论框架,国内语言学界至今在方言岛的定义问题上存在分歧。郭熙(1995)区分了"群岛"和"岛群"的概念:

"群岛之间可以互通,犹如大海中邻近的岛屿,而岛群除群岛外要包括一些与之有关的孤岛。"

庄初升(1996)指出:

"历史上操相同或相近方言的一部分人迁入操另一种方言的人的地盘,他们所带来的方言在本地方言的包围下,就如大海上的岛屿,即通常所说的'方言岛'。现存的汉语方言岛基本上都是在明、清两代形成的。"

游汝杰(2000:58-60)对方言岛进行了较为详尽的定义,并区分了狭义和广义的方言岛:

"在方言地理学上,被另一种方言(或语言)包围的方言称为方言岛。[……]

1)介于两种或两种以上方言之间的方言不算方言岛;2)海岛上的方言不能算方言岛;3)狭义的方言岛,岛上的方言与包围它的方言必须分属系属不同的两大方言,即岛内外的方言必须差别较大;广义的方言岛,岛内外的方言需分属两小类,或者岛上的方言带有不同于岛外方言的明显而重要的特征,如大多数城市方言岛,广义的方言岛大都是城市方言岛;4)方言岛的一个重要特征是岛的外缘明确,同时岛内居民所使用的方言有单一性,即方言岛的边界很容易确定;5)狭义的方言岛,作为一种语言飞地,岛内保持本土方言的显著特点。如果方言岛形成的时间较长,则岛内方言还会受到岛外方言的影响,吸收岛外方言的因素。"

曹志耕(2005)对方言岛的定义则较为持中,他认为:

"方言岛的最根本的特性是与大本营方言分离开来,同时它们多处于其他方言或语言的包围之中,面积一般较小。"

黄晓东(2004)不赞同游汝杰(2000:58-60)所提出的严格定义,而倾向于使用较为宽松的定义:

"1)本文所述的方言岛,大都介于两种或多种方言的包围之中。[……]

2)方言岛内居民所使用的方言不一定是单一的。[……]

3)由于移民来源广泛,又多与土著杂居,因此常常出现一村之内通行数种方言的状况,[……]有时这几种方言可能分布于村里的不同角落,但有时却可能完全交织在一起,如此,则方言岛的外缘也是不易划定的。"

我们认为,庄初升(1996)和游汝杰(2000:58-60)是按照方言地理学的理论框架对方言岛进行定义的,与社会语言学(城市方言学)和空间变异缺乏兼容性,而曹志耕(2005)和黄晓东(2004)的定义较符合郭熙(1995)的思路,兼顾了方言地理学和城市方言学。曹志耕(2005)提供了方言岛的三种形成方式:

"1)填水成岛:指移民携带自己的方言到达新住地,在当地其他方言或语言的包围之中的方言岛。

2)蓄水成岛:指土著方言被大规模的外来移民冲散、分割,而成为大片移民方言包围之中的方言岛。

3)隆起成岛:指某些地点的方言由于各种原因发展过快或过慢,或脱离周围方言的发展轨道自行演变,久而久之成为与周围方言不同的方言岛。在一定意义上,可以把某些发展变化较快的城市方言看做是这种类型的方言岛,例如浙江杭州、金华、衢州等城市里的方言。"

我们赞同曹志耕(2005)的"隆起成岛"说。但是按照庄初升(1996)的定义,杭州、金华、衢州此类城市方言岛则被排除在外。庄初升(1996)认为:

"明、清以前,虽然也曾有过一些方言岛,如临安(今杭州)的北方话方言岛,但由于年代久远,大多已淹没在周围方言的'汪洋大海'之中。"

庄初升(1996)显然未做过田野调查便下此结论。事实上,杭州话至今都是吴语中的"另类"。在方言地图上,杭州话被苕溪小片和临绍小片这两大强势方言挤压在中间,仍然带有鲜明的中原方言的某些特征。除此以外,教师和学生可能在家庭内部使用各自方言,可是在大中小学校园中,由于推普的原因,师生往往只使用普通话进行交流,如此一来,分布在祖国各地的学校是否也算方言岛?这个问题值得进一步商榷。

游汝杰(2000:58-60)对方言岛所下的定义则完全隶属于方言地理学体系之下,是否可以囊括各种形态的方言岛也值得探讨。第一,海岛上的方言算不算方言岛?按照游的定义,海南的军话区不算方言岛,浙江玉环、舟山的闽语区也不算方言岛,这似乎不符合方言调查的结果。第二,按照游的狭义定义,下列方言岛则不成立:

**图表**

| 被包围方言(方言岛) | 包围方言 |
| --- | --- |
| 虎林、二屯胶辽官话方言岛 | 东北官话 |
| 湖北竹山县、竹溪县江淮官话方言岛 | 西南官话 |

续表

| | |
|---|---|
| 攀枝花东北官话方言岛 | 西南官话 |
| 阿勒泰兰银官话方言岛 | 北京官话 |
| 石河子北京官话方言岛 | 兰银官话 |
| 青州北京官话方言岛 | 冀鲁官话 |
| 陕西留坝西南官话方言岛 | 中原官话 |
| 天津话方言岛 | 北京官话、冀鲁官话 |
| 太平屯北方官话方言岛 | 东北官话 |

只有按照广义的方言岛定义,表1中的方言岛才能成立。但是,其中某些方言岛又不是城市方言岛。天津话能否算方言岛?在公认的方言地图上,我们找不到天津方言岛,但是通过对比天津话和临近的北京官话、冀鲁官话,我们发现天津话与北方官话在语音、语调方面有很大出入(参见吴振清1997,周运明1997,路继伦1997,张国琛,韩根东1997),其起源地应当是安徽宿州到江苏淮安一带。天津话和江淮官话具有较近的亲缘关系。这就不难理解为什么周总理的口音听起来带有天津话的味道,其实周总理是淮安人,说的也是淮安方言。其次,晋语的地位应该如何确定?是方言岛?北方官话?还是一支独立的方言体系?此外,方言岛的形态也不是单一的,有可能出现方言岛套方言岛的现象,例如:广东电白属于闽语区,被粤方言和客家方言所包围,而处于电白闽方言岛之中的博贺,则属于粤语的广府片,又被闽语包围,成为一个粤语方言岛。

通过语音对比,我们发现,不仅岛内方言会受到岛外方言的影响,岛外方言也会被岛内方言影响。还是以图表为例,茂名在地理位置上属于粤方言区,但在语音方面却受到了临近的闽方言岛的影响。

## 四、结语

综观近年来的方言岛研究,方言岛日益成为方言学领域的一个热点话题,其研究思路尚处于摸索、草创的阶段。本文并未解决任何实质性问题,只是对先前的研究成果进行归纳总结,进而理清研究思路。我们认为,今后的方言岛研究,必须走田野调查和理论体系整合这样的道路,二者缺一不可。只有通过田野调查才能获取最新的语言事实,对先前的方言地图进行修订;理论框架的建设也不可忽视。应当把社会语言学(城市方言学)、方言地理学、空间变异、统计学、遗传生物学整合在一个连续统一的理论原则之下,才能满足学科发展要求,为国家的语言规划工作提供参考。

**参考文献:**

[1] Cavalli-Sforza, L., Wang, W. S-Y. Spatial Distance and Lexical Replacement [J]. *Language*, 1986, 62 (1): 38-55.

[2] Chambers, J. K., Trudgill, P. *Dialectology* (2nd edition) [M]. Cambridge: Cambridge University Press. / Beijing: Peking University Press, 1998/2002.

[3] Ogura, M. *Dynamic Dialectology: A Study of Language in Time and Space* [M]. Tokyo: Kenkyusha, 1990.

[4] Ogura, M. and Wang, W. S-Y. Dynamic dialectology and complex adaptive system [A]. In: Dossena, M. and Lass, R., (eds.). *Methods and Data in English Historical Dialectology* [C]. Peter Lang, Bern, 2004: 1-34.

[5] Ogura, M., Wang, W. S-Y., Cavalli-Sforza, L. The Development of Middle English *i*: in England: A Study in Dynamic Dialectology [A]. In

Eckert, Penelope (ed.) *New Ways of Analyzing Sound Change* [C]. New York: Academic Press, 1991: 63 - 106.

[6] Wang, W. S-Y. Glottochronology, Lexicostatistics, and Other Numerical Methods. *Encyclopedia of Language and Linguistics* [C]. Asher, R. E. and J. M. Y. Simpson, eds. Pergamon Press, 1994: 1445 - 1450.

[7] 曹志耘. 论方言岛的形成和消亡——以吴徽语区为例 [J]. 语言研究, 2005, 25 (4):28 - 35.

[8] 陈晓锦. 广西容县客家方言岛调查记 [J]. 方言, 1999,(3):205 - 214.

[9] 郭熙. 苏南地区的河南方言岛群 [J]. 南京大学学报(哲学 人文 科学社会版), 1995,(4):120 - 125,136.

[10] 黄晓东. 浙江安吉县官话方言岛研究 [D]. 北京语言大学博士研究生学位论文, 2004.

[11] 李连进. 南宁近郊平话方言岛 [J]. 广西师院学报(哲学社会科学版), 2000, 21 (3):61 - 67.

[12] 林伦伦,林春雨,许泽敏. 南澳岛闽方言语音记略 [J]. 汕头大学学报(人文社会科学版), 2005, 21 (2):73 - 76.

[13] 路继伦. 天津方言中的一种新的连续变调 [J]. 天津师大学报, 1997, (4):67 - 72.

[14] 潘文国. 危机下的中文 [M]. 沈阳:辽宁人民出版社, 2008.

[15] 彭泽润,彭建国. "南岭方言群岛":方言学的新大陆 [J]. 郴州师范高等专科学校学报, 2001, 22 (6):92 - 93,100.

[16] 王其敏,林滨. 普通话与天津方言在语音上的差异 [J]. 天津大学学报(社会科学版), 2001, 3 (1):29 - 31.

[17] 吴振清. 河北、天津方言中元曲词语例释 [J]. 语文研究, 1997,(1):36 - 40.

[18] 游汝杰,徐波. 浙江慈溪的一个闽语方言岛——燕话 [J]. 语言研究, 1998,(2):90 - 102.

[19] 游汝杰. 汉语方言学导论(修订本). 上海:上海教育出版社, 2000.

[20] 张国琛,韩根东. 天津方言的一些语缀特点 [J]. 天津商学院学报, 1997,(3):83 - 85.

[21] 张耀光,孙惠,彭湃. 洞头列岛方言的分布与形成条件分析——兼谈玉环岛方言特征 [J]. 人文地理, 2003,(18)6:85 - 87.

[22]周运明. 天津方言的亲属称谓[J]. 国际关系学院学报,1997,(2):45-52.
[23]庄初升. 试论汉语方言岛[J]. 学术研究,1996,(3):66-69.
[24]庄初升. 论闽南方言岛[J]. 韶关学院学报(社会科学版),2001,22(11):5-13.

# 图式理论与阅读前提问对英语阅读能力发展的作用

## 李 淑 艳

**摘要**：图式理论对阅读教学产生了深远的影响。本文以图式理论为基础,开展实证研究,旨在探讨阅读前针对背景知识进行提问的教学活动对英语阅读能力发展的作用。实验证明：背景知识在阅读中起着重要的作用,而且阅读前针对背景知识提问的教学活动能够较好地提高阅读的准确性,促进阅读能力的发展。该实验对英语阅读教学具有一定的启示。

**关键词**： 图式理论；背景知识；阅读前提问；英语阅读能力

**Abstract**：Schema Theory has a great influence in the teaching of reading. This paper, based on Schema theory, aims to discuss the role of pre-reading questions on prior knowledge in English reading ability development. The findings of this empirical research are: prior knowledge plays a key role in reading and the activity of pre-reading questions is facilitative in reading ability development. This study has some implications for the teaching of English reading.

**Keywords**：schema theory; prior knowledge; pre-reading questions; English reading ability

# 一、引言

图式概念最初是一个心理学概念,由心理学家 Kant 提出,而 Bartlett 则是把图式概念运用于心理学的第一人。他总结说图式就是表征过去知识经验的心理结构,具有积极主动加工的特征。随着研究的不断深入,图式理论获得了新的意义,它不再局限于一个心理学术语,而是逐渐进入语言学家研究的领域。Anderson(1977)有一句名言:"每一次理解都需要借助已有的知识(Every act of comprehension involves one's knowledge of the world)。" 语言理解是一个语言输入信息与人们大脑中的世界知识,即先存知识产生共鸣的动态交互过程。这种过程是通过接受信息时的一种认知心理机制而实现的。那就是新的信息同大脑中固有的知识即"图式,联系起来产生共鸣,达到分析、理解新知识的目的"(张四友,1999:110;2000:71)。

图式理论的一个重要理论基础是,"任何文本,无论是口头的还是书面的,本身都不具有意义"。据此,图式理论认为,一个文本仅仅为听者或读者就如何根据他自己的原有知识建构意义这个问题提供指导。原有知识被称为读者的背景知识,而原有知识框架则被称为"图式"(schemata)。根据图式理论,理解文本的过程就是读者的背景知识和文本相互作用的过程;有效的理解要求读者把语言材料和他的原有知识联系起来;理解词汇和句子乃至整个语篇不仅依赖读者的语言知识,而且同样牵涉到他对于世界的认识(Carrell & Eisterhold,2006:76)。

图式理论因其是心理学、认知科学、人工智能等多学科研究相互促进形成的产物,其解释力随着这些领域的研究发展而不断得以阐明,其中的不少观点对阅读研究,包括第二语言阅读研究产生了深远的影响。20 世纪 80 年代后期,卡雷尔(Patricia L. Carrell)等人基于图式理论创立的"第二语言阅读的交互模式"(interactive approaches to second language reading)逐渐成形,为第二语言或外语阅读教学提供了摹本。在中国,二十多年来,外语教学工作者和研究者们开始了对图式理论与外语教学这一课题的广泛深入的研究。从研究方法来看,在图式理论与阅读教学研究的文章中,绝大多数属于思辨性的理论探讨,基于统计数据的描写性和实证性的文章很少。

本文旨在以图式理论为基础,结合英语专业本科一年级基础英语教学实践,探讨阅读前针对相关背景知识提问(Pre-reading Questions on Background Knowledge)在英语阅读能力发展中的作用。本次实验有待解决的问题如下:

(1)在阅读能力测试中,受试组是否比对照组在多项选择题(Multiple-Choice Questions)的题项测试中表现得更好?

(2)在阅读能力测试中,受试组是否比对照组在简要回答问题(Brief-Answer Questions)的题项测试中表现得更好?

## 二、实验设计

本次实验分为两部分:第一部分是每个星期课堂教学中 1 个学时的泛读材料学习,一学期共计 18 周。教材是《大学英语泛读》第三册及教师本人根据学生的实际水平精选的阅读材料。受试组的学生参加阅读前提问的训练,问题主要围绕即将要阅读的材料进行背景知识的提问;对照组的学生进行常规学习,即阅读后回答问题(Post-reading Questions),形式是多项选择题。本部分结束后,受试组学生在第 18 周时完成有关阅读前提问教学活动的问卷调查。第二部分是在第 6 周、第 12 周和第 18 周进行英语阅读能力测试,大学英语四级难度。题型包括多项选择题和简要回答问题两部分。实验的两部分同时进行,便于观察受试组和对照组的阅读能力发展情况。

### 1. 受试对象

本次实验的对象是英语专业本科一年级 28 名学生。为排除语言能力本身的差异对实验结果的影响,在实验前所有受试对象参加一次前阅读测试(pre-test)。难度仍然是大学英语四级。将成绩排序后,按照第一名进入受试组,第二名进入对照组,依次类推,两组的成绩经 t 检测无显著差异。受试组和对照组各 14 名学生。

### 2. 实验材料样本

每个星期基础英语课中 1 个学时的快速阅读练习以《大学英语阅读》第三册或者教师根据需要选择的材料为学习内容。为了保证实验的有效性,受试组和对照组在阅读学习中所分配的总体时间相同。以课文 Face Life with Courage 为例,受试组在阅读前思考下列涉及 John F. Kennedy 的背景知识的问题,尝试做简要的回答或预测,用时约 10 分钟。每位受试学生得到一张题签,包含下列阅读前的问题。

(1) What does the expression "born in a silver spoon" mean?

And what do you know about John F. Kennedy's family background?

(2) What is his religion? Is theUnited State a strongly Protestant country?

(3) What kind of person was J. F. Kennedy?

(4) What subject was he interested inHarvard University?

(5) What happened to his brother, Joe Kennedy and what was the consequence of his death?

(6) How did he save his men and himself when the boat sank? What kind of quality did he best exhibit in this story?

(7) Why was it impossible for him to be elected as a congressman inMassachusetts? What was in his favor?

(8) What serious mistake did he make in history?

在定期的英语阅读能力测试中,题型包括多项选择题和简要回答问题两部分,主要是考虑到主客观题型相结合,力求保证测试的信度和效度。每次测试中包含5篇短文,共计25道选择题,每题1分;5道简答题,每题2分。选择题的评分标准是与标准答案不符不得分;简答题的评分标准是以内容为主,语言表达为辅酌情给分。做选择题时学生可参考阅读材料。做简答题时不可以参考阅读材料,此项测试的目的之一是看学生对阅读中知识点的记忆和回忆能力。下面以介绍英国乡村茅草屋顶村庄的说明文为例:

选择题:Which of the following remains a unique feature of the English countryside?

(A) Narrow streets lined with pink or white houses.

(B) Rolling hills with pretty farm buildings.

(C) Cottages with thatched roofs.

(D) Churches with cottages around them.

简答题：What's the difference of thatching in Britain and in developing countries?

因本考试考查的是阅读能力，选择题和简答题都要根据所阅读的材料而回答，不能自由发挥。

### 3. 问卷调查

为了更好地了解受试学生对此次教学活动的反馈，笔者设计了一份简要的问卷调查，该问卷采用 Liket 五分量表的形式进行计分。附问卷内容：

(1)在此次活动之前，你是否参加过系统的关于背景知识的阅读前提问的教学活动？

(2)在此次活动之前，你是否通过文章的题目猜测文章的主题？

(3)在此次活动之前，你是否重视背景知识在阅读理解中的作用？

(4)你现在是否认为背景知识与语言能力在阅读理解中同等重要？

(5)你是否认为阅读前提问的教学活动有助于提高阅读速度？

(6)你是否认为阅读前提问的教学活动有助于提高阅读的准确性？

(7)你是否认为阅读前提问的教学活动有助于回忆起所阅读的内容？

## 三、实验结果

实验活动结束后,笔者对三次英语阅读能力测试的成绩和问卷调查的反馈进行汇总,并通过计算机对数据做了统计分析,结果如下:

**1. 英语阅读能力测试结果**

表1、表2和表3分别记录了受试组和对照组在三次阅读能力测试中多项选择题的成绩的描述性统计分析:

表 1  多项选择题测试(一)成绩 t 检验

|  | N | M | SD | t | P |
| --- | --- | --- | --- | --- | --- |
| 受试组 | 14 | 19.71 | 2.701 | 2.319 | .029 |
| 对照组 | 14 | 17.36 | 2.678 | | |

表 2  多项选择题测试(二)成绩 t 检验

|  | N | M | SD | t | P |
| --- | --- | --- | --- | --- | --- |
| 受试组 | 14 | 19.86 | 3.009 | 1.702 | .101 |
| 对照组 | 14 | 17.86 | 3.207 | | |

表 3  多项选择题测试(三)成绩 t 检验

|  | N | M | SD | t | P |
| --- | --- | --- | --- | --- | --- |
| 受试组 | 14 | 18.93 | 2.018 | 2.231 | .035 |
| 对照组 | 14 | 17.14 | 2.214 | | |

从表1、表2和表3中的t值和p值来看,根据t值与差异显著性关系,即t>0.05,p<0.05,受试组在测试(一)和测试(三)中

的多项选择题的成绩明显优于对照组,在测试(二)中无显著差异。

表4、表5和表6分别记录了受试组和对照组在三次阅读能力测试中简要回答问题的成绩的描述性统计分析:

**表4 简要回答问题测试(一)成绩 t 检验**

|      | N  | M     | SD    | t    | P    |
|------|----|-------|-------|------|------|
| 受试组 | 14 | 6.643 | 2.023 | .750 | .460 |
| 对照组 | 14 | 6.071 | 2.008 |      |      |

**表5 简要回答问题测试(二)成绩 t 检验**

|      | N  | M    | SD    | t     | P    |
|------|----|------|-------|-------|------|
| 受试组 | 14 | 7.89 | 1.059 | 3.591 | .001 |
| 对照组 | 14 | 6.29 | 1.297 |       |      |

**表6 简要回答问题测试(三)成绩 t 检验**

|      | N  | M    | SD    | t     | P    |
|------|----|------|-------|-------|------|
| 受试组 | 14 | 7.82 | 1.170 | 3.513 | .002 |
| 对照组 | 14 | 6.04 | 1.500 |       |      |

从表4、表5和表6中的t值和p值来看,根据t值与差异显著性关系,即 $t > 0.05, p < 0.05$,受试组在测试(二)和测试(三)中的简要回答问题的成绩明显优于对照组,在测试(一)中无显著差异。

### 2. 问卷调查结果

**表7 受试组学生所做的问卷调查统计分析**

|     | Q1   | Q2   | Q3  | Q4   | Q5   | Q6   | Q7  |
|-----|------|------|-----|------|------|------|-----|
| N   | 14   | 14   | 14  | 14   | 14   | 14   | 14  |
| M   | 1.1  | 1.35 | 1.4 | 3.4  | 4.3  | 3.7  | 4.5 |
| SD  | 0.35 | 0.46 | 0.5 | 0.49 | 0.45 | 0.45 | 0.5 |

从表7中可以看出,受试者在以往的阅读学习中没有给予背景知识足够的重视,教师也较少开展针对背景知识的阅读前提问的活动。经过18周的学习后,受试者反映阅读前提问的教学活动提高了阅读速度以及对所阅读的内容有较长时间的记忆和较为准确的回忆。

## 四、讨论

上述实验的结果可以依据图式理论来解释。根据读者的背景知识结构,卡雷尔(Carrell,1988)将图式分为内容图式(content schemata)和形式图式(formal schemata)两种,其中内容图式则包括了主题知识、世界知识和文化知识;形式图式包括语言图式和语篇图式。卡雷尔指出,内容图式和形式图式在阅读中对某一图式的激活乃至整个语篇的理解都起着重要的作用。图式理论认为阅读过程就是读者的背景知识、阅读技能与文章中的信息相互作用的过程。在阅读时要正确理解课文必须具备两个条件:一是读者需具备与课文相应的图式;二是读者在阅读过程中能成功地激活图式。恰当运用背景知识可以促进阅读理解,有关背景知识的教学活动可以大大促进学生的阅读能力。本次以泛读教学为基础而开展的针对背景知识进行阅读前提问的实验结果充分证明了背景知识在阅读能力发展中的积极作用,阅读前提问相关背景知识能够有效地帮助读者建立和激活"图式"。

在过去的二十年中,研究者进行了大量的研究,从不同方面证实了内容图式对阅读理解的影响。Johnson(1981)所做的研究表明英语作为第二语言的读者相对他们所不熟悉的内容来讲,能够更好地回忆他们所熟悉的内容。研究者所做的比较读者对熟悉的和不熟悉的文化内容的理解程度的研究表明,读者对属于自己文化背景的文章内容回忆起来要容易得多,而且能够进行更为准确的预测(Carrell,1981;Johnson,1981)。笔者所进行的为期18周的实验中,在不同阶段的阅读能力测试中的成绩,无论是客观题(多项选择题)或者是主观题(简要回答问题),总体上看,受试组明显优于对照组,从受试学生的反馈中也可以得到证实。这说明阅读前提问相关背景知识是一种可行的、有效的阅读教学方法。

## 五、结语

在语言学习中,阅读教学是一个重要的组成部分。阅读理解是一个十分复杂的语言心理加工过程,是读者与作者相互作用的过程。成功地理解一篇读物,不仅需要语言知识,还需要篇章知识和文化背景知识。图式理论认为人们通过激活大脑中的图式来理解新知识。许多教师和研究者发现学生头脑中的图式或背景知识对阅读理解起着重要的作用。在整个阅读过程中,阅读前的阶段是建立和激活学生大脑中背景知识的最佳阶段。

本文着重探讨了以阅读前提问的方式来促进英语阅读能力的发展。此次调查研究的结果充分表明内容图式对阅读理解的影响,在阅读能力测试中的选择题和简答题中,受试组比对照组表现得更好,存在显著差异。对大学英语教学,尤其是泛读课教学的一个重要启示是:教师在学生进行阅读之前应设计相应的问题帮助他们建立和激活大脑中有关文章内容的背景知识,从而逐步提高阅读速度和准确性。需要指出的是,除了图式以外,影响阅读理解的因素还有许多,有待于进一步的研究。

## 参考文献:

[1] Anderson, B. et al. Cross-cultural Schemata and Reading Comprehension Instruction [J]. *Journal of Reading*, 1984, 28 (2).

[2] Bartlett, F. C. *Remembering: A Study in Experimental and Social Psychology* [M]. Cambridge: Cambridge University Press, 1932.

[3] Carrell, P. L. Schema Theory and ESL Reading: Classroom Implications and Applications [J]. *Modern Language Journal*, 1984, 68 (4):332 - 343.

[4] Gass, S. M. and Mackey, A. *Second Language Research: Methodology and Design* [M]. London: Lawrence Erlbaum Associates Publishers, 2005.

[5] Grabe, W. *Reading in Second Language: Moving from Theory to Practice* [M]. Cambridge: Cambridge University Press, 2009.

[6] Grabe, W. and Stoller, F. L. *Teaching and Researching Reading* [M]. London: Pearson Education Limited, 2002.

[7] Johnson, P. Effects on reading comprehension of language complexity and cultural background of a text[J]. *TESOL Quarterly* 1980, 15 (2):169 - 181.

[8] 陆世雄. 图式理论与中国英语阅读教学研究二十年[J]. 广西民族大学学报(哲学社会科学版),2008,(12):107 - 111.

[9] 韦汉,章柏成. 图式理论和中国外语教学研究的回顾与前瞻[J]. 西安外国语学院学报,2004, 12(3):63 - 66.

[10] 张四友,崔艳萍. 认知图式与新编英语教材及教学模式[J]. 国外外语教学,2001,(3):4 - 8.

# 第二部分:文学研究

# 爱默生的改革理念与社会关怀*

## 隋 刚

**摘要**：本文试图运用文本细读的方法，剖析爱默生的演讲词《人即改革者》，概括其中"改革的精灵"这一隐喻的寓意，探讨其精神来源、运作方式、实际功效等，并解读《人即改革者》与《新英格兰改革者》这两篇演讲词之间的互文关系。本文超越"人即改革者"这一表述的表面字义，明确提出"人既是改革者又是被改革者"的爱默生式的命题，阐释人作为改革主体的能动性以及人作为改革对象的可塑性，揭示在恪守信仰、厉行改革的过程中提升自我、磨砺人格、弘扬理想、优化个人心灵、优化国民素质的可能性。本文试图论证爱默生的改革理念的真实内涵——人的心灵变革是一切社会改革的支点、动因和成功的希望。

**关键词**：爱默生；改革的精灵；改革者；被改革者；心灵变革

**Abstract**: Using the method of close reading, this paper is an attempt to analyze Ralph Waldo Emerson's address entitled *Man the Reformer*, summarize the implications of the key metaphor "the demon of reform", explore

---

\* 本项研究资助来源：北京市属高校人才强教深化计划学术创新团队"美国文学源流与多元文本研究团队"以及北京第二外国语学院 2011 年科研基金项目"美国超验主义者的终极关怀与世俗关怀"。本文中出自同一译著《爱默生集：论文与讲演录》的引语，只在文后标明出处页码，不再另行加注。"The demon of reform"原被译为"改革这个魔鬼"，似有不妥，故在此改译为"改革的精灵"。

its spiritual sources, operating modes, and practical functions, and interpret the intertextuality between *Man the Reformer* and *New England Reformers*, a lecture also by Emerson. To transcend the literal sense of the phrase "man the reformer", this paper makes an Emersonian proposition that man is both the reformer and the reformed, elaborates on man's initiatives as the subject of reform, and his mutabilities as the object of reform, and describes faith-based reform as a process in which the self is likely to be elevated, the personality to be tested, the individual soul to be bettered, the social ideals to be celebrated, and the national moral standards to be raised. Hence this paper throws light on the mystical core of Emersonian viewpoints on reform -- the reform of the soul functions as the pivotal point, motivating force, and hope of success for all social reforms.

**Keywords**: Ralph Waldo Emerson; the demon of reform; the reformer; the reformed; a change of heart

# 一、引言

"改革的精灵自有通向每个法律制定者、每个城市居民心中的秘密渠道。"拉尔夫·瓦尔多·爱默生在170年前如是说(爱默生,1993:149)。1841年1月25日,在美国波士顿机械师学徒图书协会的聚会上,爱默生发表了题为《人即改革者》的演讲。这篇以改革为主旨和圭臬的演讲词既有社会批判性,又有思想建设性和文化前瞻性。文中"改革的精灵"是一个至关重要的隐喻。它秉承了身为"民族导师"(Padover,1959:334)的爱默生的"超灵"观念,凝聚了超验主义理想的精华,展示了每个"自由而有用的人"(148)与来自心灵的感召进行有效互动的途径。

本文试图运用文本细读的方法,剖析爱默生的演讲词《人即改革者》,概括其中"改革的精灵"这一隐喻的寓意,探讨其精神来源、运作方式、实际功效等,并解读《人即改革者》与《新英格兰改革者》这两篇演讲词之间的互文关系。本文超越"人即改革者"这一表述的表面字义,明确提出"人既是改革者又是被改革者"的爱默生式的命题,阐释人作为改革主体的能动性以及人作为改革对象的可塑性,揭示在恪守信仰、厉行改革的过程中提升自我、磨砺人格、弘扬理想、优化个人心灵、优化国民素质的可能性。本文试图论证爱默生的改革理念的真实内涵——人的心灵变革是一切社会改革的支点、动因和成功的希望。

## 二、改革的精灵与个人的自由

为什么不应该将英语原文中的"The demon of reform"译为"改革这个魔鬼"？若将其译为"改革的精灵"(避开"或魔鬼,或天使"的单向论断),是否比较准确？可"改革的精灵"到底是什么？爱默生在《人即改革者》这篇演讲词中指出："某个新思想或希望在你胸中泛起,这一事实本身就告诉你,在同一时刻里,希望之光正照耀着成千颗心灵,即使你有意保守这一秘密,只要一走出家门,喏,门口台阶上就站着一个人要告诉你同样的话。"(149)由此可见,"改革的精灵"与"求新"相关,与"思想"或"希望"相关,与个人心灵相关,也与众人心灵相关。它是不满足的,是不安分的,时时显示出对现实世界的批判、解构或威胁——"没有一个王国、城镇、法规、仪式、职业、男人或女人不正是处在这种变革的新精神的威胁之下。"(149)它是高贵的,是具有超越性的,常常显示出对理想世界的敬仰、渴慕或追求——"一切心地真挚的人,总会感到内心有种追求高尚目标的强烈冲动,他们的天性决定他们要采取简捷明了的举动。"(151)显然,"改革的精灵"是属灵的,是神圣的,也是符合人的天性和行为特征的。它是追求至真至善至美的人的心灵的诗意象征,是常被误认为魔鬼的天使,是爱默生哲思中的"超灵"的众多别名之一。

换言之,"改革的精灵"其实就是爱默生的另一篇演讲词《新英格兰改革者》中所提到的"精神事实"(652)、"公正、崇高的灵魂"(657)、"心底里""最美好的"向往(665)、"我们头顶上端坐着"的"某个精灵"(668)或"饱学多能的心灵"(670)。这些词语之间有一种内在的自证自明的互文表述关系。它们相互参照,相互补充,相互阐释,相互背书,共同指向"改革的精灵"的多种属性——精神性,超越性,历史性,现实性,个人性,社会性等。借助"改革的精灵"这一隐喻,爱默生既表明了"对物质帮助逐渐抛弃"的态度(655),又表明了对"精神方法"(652)的青睐;既超越了"眼前的忧虑",又"展望到高山那边的好处"(665);既关注现实中"表现出新的性格特征"(657)的灵魂,又牵挂"确保未来将会无愧于往昔的灵魂"(670);既"对个人自给自足的力量表现出日益增长的信心"(655),又对基于"真正的个人主义"的"理想的联合"(659)表示明确的肯定。诚如克里·拉森所言,"社会改革的平台也许是值得探求的,但它势必颓败,除非改革者能将我们提升至超越狭隘个人主义的'某种较高的平台',这种平台让我们感知到所有的个人赖以实现'完美'团结的'隐秘的灵魂'。"(Larson,2004:336-337)

如果说"改革的精灵"的本源是"超灵",那么,它是经由哪些"秘密渠道"(149)走近并走进每个人,使其"感受到内心的召唤"

(148)的呢？将爱默生在《人即改革者》中表述的多个观点加以归纳,不难发现,所谓的"秘密渠道"却有着几个公开的"路标",即实在的文本依据——"古籍和模糊的传统"(148)、"爱与理性的考虑"(152)、"亲手劳作"(153)以及"那包容一切的大自然"(160)。概言之,爱默生高举的改革旗帜就是文艺复兴的旗帜、博爱精神的旗帜、自由精神和批判精神的旗帜、理论联系实际的旗帜以及以大自然为师的旗帜。"改革的精灵"自有一套独特的运作方式、激励方式和启迪方式。它与作为改革者的个人之间产生互动,使其萌发灵动,获取灵感;使其以完整的人的理性来思考,而不是以被异化的人的理性来思考;使其"以'人'的身份来行动",而不是以"人所分裂出来的一部分"(151)的社会工具身份来行动——进而使其认清理想与现实之间的反差,认清传统与当下之间的反差,认清博爱与自恋之间的反差,认清崇高与庸俗之间的反差,抵御"上一代人积累的财富"的"污染"(152)作用,维护自己心灵的自由,维护自己从事"社会的体力劳动"(153)的权利,"尊重自然的补偿法则","养成刻苦的生活习惯"(156),"同泥土和自然建立更根本的联系"(152),克服文学与哲学的"过度的精细、优柔以及忧郁沉闷"(156)带来的种种弊端。

索尔·帕多弗尔说:"多数改革者只想改变现存的机构,或改善穷人的物质生活条件。对爱默生来说,不顾道德进步的物质生活好转是没有意义的。……爱默生期盼着人的本性的改革。他希望提升人的道德品质,使人能够拥抱真诚友爱的精神,将灵魂升华至新层次,以博爱和共有的理想来取代自私自利和物质主义。"(Padover, 1959:344)在爱默生看来,"改革的精灵"有抑恶扬善、破旧立新、重塑人格的功效。"改革的精灵"使人清楚地认识到:

"罪恶的痕迹延伸到人类每一个盈利的职业与行业之中。各行各业都有它的不正当之处。"(152)"改革的精灵"使人牢牢记住"财产的原有用途,即帮助他实现自己的目标——去寻找他的爱情,帮助朋友,敬仰上帝,扩充知识,服务祖国,以及满足自己情感的需求。"(155)"改革的精灵"使人在改革实践中把自己锻炼成充满智慧、勇气和激情的责任人、充满历史感、正义感和创造力的自由人——"一个改革者、一个改造前人产品的创新者、一个揭露和纠正错误的批判者、一个真与美的恢复者。"(160)

"改革的精灵"是自由而有用的精灵,改革者也必须是"自由而有用的人"(148)。他有自由的改革意志,有自由的改革计划,可以进行自由的改革选择,可以采取自由的改革行动,但也必须为自由付出代价,必须承担与之相伴的改革责任和压力,必须感受不可避免的焦虑和痛苦,必须接受预料之内或预料之外的各种各样的实际后果。后果虽难预料,过程岂可省略?改革考验着改革者,自由磨砺着自由人。如何论成败?爱默生认为:"每个人都应该有一个为自己征服世界的机会。"(155)他相信:是改革者使改革过程充满意义,是自由人使自由理念充满价值,是穷人"在贫困中毅然挺立,用自己的智慧和力量获得解脱,使'人'成为胜利者。"(155)

爱默生在《人即改革者》中使用"改革的精灵"这一隐喻,绝不是故弄玄虚,而是期望以此诗化的表述诉诸于听者和读者的心灵,彰显灵魂的本体性以及改革理念的超越性和活跃性,从而既避免对其进行简单界定,又避免对其进行过度阐释,留出灵动的范围、推展的余地和包容的空间,使其保有神秘的吸引力、鲜活的生命力、真诚的灵魂感召力和自由的语义创造力。

## 三、改革者与被改革者

爱默生提出的"人即改革者"这一命题有其自身的引申义：人亦即被改革者——作为改革的主体，人具有能动性；作为改革的对象，人同时又具有可塑性。"对爱默生而言，改革始于自我。"(C. Smith, 2006：218)始于自我的（甚至专门针对自我的）改革真的是可行的吗？爱默生的回答是肯定的，因为他相信寓于人性中的神性能够提升人格，他相信"人性中有着一种无限的美德，等候你的召唤"(160)，他相信"自助"(self-reliance)就是"神助"(God-reliance)(Bloom, 1985：97)。实际上，爱默生个人的精神立场不无矛盾之处。"含有关联意味的个人主义、含有创造意味的宿命论、含有怀疑意味的信仰"(D. L. Smith, 1990：34)在他的哲思中都占有一席之地。这些恰恰构成了他的超验主义理念的内在张力和升华动力。爱默生绝不盲从于任何一种制度化的宗教，他讨厌机械陈腐的祷告词。他信奉的"上帝"是一种普遍精神——"这种普遍精神的核心，体现在人的身上，就是道德律，其实质是自由的理想以及人意欲升华的拼搏。"(Padover, 1959：341)他信奉的"上帝"是"一种无孔不入的力量、一种居于人的不死精神之中的永恒生命"。(Padover, 1959：337)

在爱默生看来，对这种神圣而又与人密切相关的永恒生命的信仰确实是至关重要的。有了这种信仰，"劳动便成了上帝对人的教育方式"(155)，便成了人"学到自然的秘密"(156)的途径。有了这种信仰，节俭便不再是"那种'今朝吃烤玉米，为着周末吃烤鸡'的节俭"，而是为着"免除烦恼，静心思考，随时准备完成求知或慈善的使命,那么这种节俭就是神与英雄的作为了。"(158)有了这种信仰,人"不但确信他的天堂是可能的,而且认为它已经开始存在——组成这个新社会的并不是受政客们操纵的人与物,而是那些被正义所改造、提高了的人们。"(161)爱默生痛感于"信仰缺乏症"这一"现在人类思想罹患的疾病"(659),呼吁人们别把技能"耗费在谋求减轻痛苦、娱乐消遣与麻醉药物上"(660),正视"无法躲避的局限与精神僵死的悲剧"(660),改革并拯救"因为没有信仰而充满颓丧、耽于声色"(661)的社会,以求"在一个更高的层次上生活。"(661)

难能可贵的是,爱默生在讨论信仰的改良力量和征服力量时,并没有把话题局限于他所熟悉的基督教信仰,而是以跨文化的视角审视世界史,高度评价了为信仰而战的"穆罕默德之后的阿拉伯人"(161)。他说:"世界史上每一个伟大而关键时代的产生,都是因为某一种信仰的热情获得了胜利。"(161)他具体谈到令大批罗马骑兵感到难以招架的裸身勇士德拉,谈到像男子一样善战的阿拉伯妇女,谈到装备简陋、给养匮乏但却屡建奇功的阿拉伯将士,谈到只吃大麦面包、只喝清水、住泥土小屋的峨玛王……显而易见,爱默生在此歌颂的是能够征服人心、改良人心、充实人心、振奋人心、引领人心的信仰。

阿尔吉斯·瓦留纳斯评论道:爱默生自信拥有"崇高的悲悯之心,这种情怀使他能够感同身受地体验他人的痛苦,并在众人身上发现神性。……以获取蝇头小利为乐的人根本不符合爱默生的情趣;他必须将他们提升至一个可企及的崇高境界。"(Valiunas, 2010: 57, 58)在爱默生的改革构想中,"只要每位个人只行恰当之事,避免不当之举,社会就有和睦与和谐之面貌。"(Padover,1959:347)他寄希望于改革者自身人格的改革或提升,寄希望于改革者自我的精神更新。

在《人即改革者》中,爱默生使用了"监狱"和"囚徒"的隐喻——在某种意义上说,现实生活中的每个人都可能是囚徒,"遭受无处不在的思想牢狱之灾。"(C. Smith,2006:224)在《新英格兰改革者》中,爱默生同样描述了人遭受精神禁锢的困境:"在这种圆滑的社会常规中,我找不到任何健康或高尚的东西。我不喜欢沙龙里令人窒息的气氛。尽管蒙受礼遇和厚待,我却开始疑心自己是个囚徒。我以自己的顺从付出了毁灭性的代价。"(653)因此,"改革者,像囚徒一样,必须首先改正自己的灵魂"。(C. Smith,2006:218)具体讲来,就是弃恶扬善——弃虚伪之恶、傲慢之恶、懒惰之恶、贪婪之恶和仇恨之恶,扬诚信之善、谦卑之善、勤劳之善、节俭之善和博爱之善。爱默生说:"谁的生活方式是完全清白的?反正我不是这样。你也不是。他也不是。但是我以为我们必须为自己辩白,回答这一责问,即我们是否将精力奉献给公众福利,并以此换来今天的面包?同时我们必须不断地矫正积弊,每天摆正一桩事理。"(159)欲正人必先正己。欲改良社会,必先改良自己的灵魂。改革者应首先成为被改革者。社会改革的成效建立在公民个人素质提升的成效之上——"我们曾经目睹过的对制度的批评与抨击已使一件事明白无疑:当一个人不充实完善自己,而一心要使周围的事情整饬一新时,社会便一无所得;他会在某一件事情上好得令人生厌,但对其他方面则心不在焉或是胸襟褊狭。"(655)

## 四、心灵变革与社会改革

爱默生是具有强烈的社会责任感的学者。他"既有爱国精神，又有批判精神；既有乐观情怀，又有激进改革的迫切愿望。"(Field, 2001: 61)他所倡导的绝不是"荒唐而迂阔的改革"(159)，而是扎实且深入的长效改革。他认为：社会改革需以"a change of heart"(C. Smith, 2006: 219)为基础，即需以心灵变革为基础；心灵变革则需以"博爱精神"(162)为基础。爱默生在《人即改革者》中将博爱精神比喻为"补救弊病的唯一良药、大自然的万用仙丹。"(162)他说："我们必须爱他人，爱能使不可能的事立刻变为可能。我们的时代和历史，几千年来并不是仁爱的历史，而是自私的历史。我们相互不信任的代价非常高昂。"(162)歹念造就歹徒，仇恨造就仇敌。博爱精神反其道而行之，春雨润物，貌似无为，却诉诸于人心，悄然行道德之事，默然做灵魂之工——从长远来看，必将战胜仇恨、冷漠和暴力，必将改良人类社会。改革的精灵，就其终极内涵而言，正是博爱的精灵。爱默生充满自信地宣称："仁爱能够潜入一切，在人们不知不觉中完成大业。它是自己的杠杆、支柱与力量——而暴力无法做到这些。"(163)

爱默生面对的是一个急需改革的美国社会。比如说，商业需要改革——"经商方法变得如此自私，几乎到了盗窃的程度，它又柔顺逢迎到了近乎(假如不是超过)欺诈的地步。……我们商业的普遍制度……是一种自私自利的制度。它不受人性的高尚情操支配，不以平等互利的严格法则来衡量。更不是仁爱与侠义大度所能测度的。它与之相反，是一种猜疑、隐秘而又极其贪婪的制度，它不是要赠予,而是为了占便宜。"(150,151)教育需要改革——"大众教育因为脱离现实与自然而备受责难。人们对教育中没有务实之道怨声迭起。我们学的仅仅是字句,我们在学校、大学与教室里一关就是10年、15年,末了跨出校门,只装了一脑袋的空话,记了一肚子的单词,除此之外一无所知。"(653)政治需要改革——"我们总是抱怨,说群众的政治受人操纵,以至他们违背公理与公共福利,甚至背离自己的利益。但是人民不愿选举愚蠢而卑劣的人做他们的代表,或者统治他们。他们选这些人,仅仅因为这些人花言巧语地恳求他们。人民不会长期投他们的票,而会拥戴那些聪敏正直的人。"(162—163)宗教需要改革——人们仅仅在"纪念耶稣的名字",却忘了"耶稣是个热爱人类的人"(163),忘了耶稣的精神实质就是爱……爱默生呼吁全方位的社会改革,并设想:在人的心灵变革过程中,在人的失而复得的天性中,重构新型社会的基础。他说:"我们将要去改造整个的社会结构,以及国家、学校、宗教、婚姻、商业和科学,并且在我们的天性中开发它们的基础。"(159)"天性"在此意为爱的天性。归根结底,心灵变革由此引申为源于爱、基于爱的变革;社会改革由此引申为听命于爱、归功于爱的改革。

爱默生在《人即改革者》这篇改革宣言中巧妙地运用一个源自大自然的生动意象,来表现爱的特异功能和顽强生命力——"你是否看见过,在那深秋的树林里,一只可怜的真菌或蘑菇——这种植物完全没有韧性,看上去像一团面糊或果冻——它竟靠着不断的、柔弱得难以想象的挤压,开出一条路来,穿透结霜的硬土,在头上顶起一块硬壳。这正是爱的力量的象征。"(163)爱默生确信:基于爱的变革或改革才是最有效的变革或改革;基于爱的革命才是"最伟大的革命"(163)。他说:"我感到有必要做一个热爱他人的人。我将会看到,世界因为我的爱心而变得美好,那将是我的报偿。爱心会给这疲倦的旧世界换上一副新面孔。"(163)在爱默生的逻辑思维中,爱是一种天性、一种智慧、一种勇气、一种自由、一种责任、一种权利、一种能力、一种补偿、一种幸福;爱是"对他人话语的善解";(Rautenfeld,2004:72)爱是"应对糟糕的政治局面的解决方案";(Padover,1959:348)爱是"在改造旧体制的过程中"的"阳光的感召"——"国家应当照顾穷人,尽一切努力为他们说话。每个孩子在诞生时就必须获得生活的平等机会。我们改善有关财产的法律,必须是以富人的让步为基础,而不是去剥夺穷人。"(163)简言之,爱是人的心灵变革的根基和导向,人的心灵变革是一切社会改革的支点、动因和成功的希望。如果没有爱,如果没有心灵变革,一切实际上只认金钱和权力、只重物质利益和官位仕途的社会改革势必蜕变为沿袭丛林法则的野蛮的利己纷争,势必蜕变为社会道德严重失范的民族精神生态灾难。

## 五、结语

依爱默生所见,"改革的精灵"自始至终作用于人的心灵,推动一轮又一轮的改革进程,培育一个又一个的改革人才,催生一批又一批的改革成果——恰如循环往复的春耕秋收的劳作周期。在演讲词《人即改革者》的结尾部分,爱默生运用了寓意深刻的农耕意象。他说:"我们的收获于是又变成了种子。正如农民把最好的谷穗播进土地,我们也将要毫无保留地把一切都换成工具和能力,那时,我们情愿把太阳和月亮也当作种子播入土地。"(164)若以诗意类比的方式来表述,被包容于"我们"一词之中的每一个改革者似乎都能说:正如太阳和月亮可以当作种子播入土地,改革的观念可以当作理论,指导改革实践,从而促进社会实质性的进步;改革的精灵可以当作启示,感召个人心灵,进而形成大众持续改革的共识。尽管爱默生十分清楚地意识到改革的艰难和风险,但他对基于心灵变革的社会改革仍充满信心——播下改革之种,收获更多的改革之种;播下心灵之爱,收获更丰沛的心灵之爱;播下"小我"之希望,收获"大我"之希望。

## 参考文献:

[1] Bloom, H. Emerson: The American religion [A]. *Modern Critical Views: Ralph Waldo Emerson* [C]. New York: Chelsea House Publishers, 1985: 97 - 121.

[2] Field, P. S. Transcendentalist meditations [J]. *Reviews in American History*. 2001, 29(1): 49 - 61.

[3] Larson, K. Emerson's strange equality [J]. *Nineteenth-Century Literature*. 2004, 59 (3): 315 - 339.

[4] Padover, S. K. Ralph Waldo Emerson: The moral voice in politics [J]. *Political Science Quarterly*. 1959, 74 (3): 334 - 350.

[5] Rautenfeld, H. Charitable interpretations: Emerson, Rawls, and Cavell on the use of public reason [J]. *Political Theory*. 2004, 32 (1): 61 - 84.

[6] Smith, C. Emerson and incarceration [J]. *American Literature*. 2006, 78 (2): 207 - 234.

[7] Smith, D. L. The open secret of Ralph Waldo Emerson [J]. *Journal of Religion*. 1990, 70 (1): 19 - 35.

[8] Valiunas, A. Ralph Waldo Emerson, big talker [J]. *Commentary*. 2010 (9): 55 - 58.

[9]爱默生.《爱默生集:论文与讲演录》(上下卷)[C].波尔泰编.赵一凡等译.北京:三联书店,1993.

# 昆丁·康普森之死的社会学思考*

## 黄 敏

**摘要**:《喧哗与骚动》中的昆丁·康普森之死在学术界曾经引起了很多讨论,学者们给出的解读不尽相同,近年来对这一问题的研究渐少,原因是缺乏新的阐释角度。从跨学科的角度看,文学批评可以利用社会学在自杀研究上的丰硕成果,更加系统准确地定义与昆丁自杀相关的因素,在社会与心理两个层面综合衡量人物的性格发展。

**关键词**:昆丁·康普森;自杀;社会学

**Abstract**: The problem of Quentin Compson's death in *The Sound and the Fury* has been the subject of much discussion that, in turn, triggers a variety of interpretations for the motives behind Quentin's choice of suicide. The lukewarm research on the same subject in recent years has proved the need for a new perspective, which is offered by an introduction of the sociological theories, laying down the fundamental questions with regard to the premises, hypothesis and variables in an attempt to better define and examine the development of Quentin Compson's personality, which ultimately ends in a suicidal act.

**Keywords**: Quentin Compson; suicide; sociology

---

\* 本文获北京市高等学校人才强教计划项目的资助。

## 一、问题的提出

福克纳所著的小说《喧哗与骚动》利用四个视角,叙述了康普森家庭的主要变迁,从而多方位地展示了在南方重建的大背景之下,一个没落种植园家庭里各色人物的命运沉浮。从人物研究的角度来说,这部小说虽然有多个叙述者,但昆丁·康普森无疑是举足轻重的主角,因为另外三个叙述视角都有明显的局限,比如本杰明·康普森是个智障患者,智力永远停留在三岁儿童的水平,所以他讲的基本上都是童年的故事;而昆丁的另一位兄弟杰生自诩精明,只对金钱感兴趣,他讲述的经历多与捞钱的手段成功与否相关;最后一个叙述声音属于第三人称全知视角,所以不在人物研究的范畴之内。相比之下,身为家庭长子、哈佛学生、敏感多虑的人物昆丁更有立体性,由他回忆的故事在人物关系、叙述广度、反思深度上,也提供了更加丰富、更加复杂的研究素材。

传统上,涉及昆丁·康普森的研究通常从两个角度入手,一是侧重对南方文化的解读,强调家族地位与责任、男女之间的角色之分以及父子之间的互动对人物的影响,并从中归纳出文学研究的普遍意义,这种研究兴起于 20 世纪中期之前,流行于 50—60 年代,得到美国南方的著名作家、学者如罗伯特·沃伦(Robert P. Warren)、克林斯·布鲁克斯(Cleanth Brooks)的大力倡导并推动,这一时期以"南方"为特征的研究角度,形成了对昆丁这个人物的基本认识,为后来的人物扩展批评提供了借鉴。第二波研究浪潮借用了精神分析学说,把关注重点从父子对时间、责任的解读,转向人物关系所折射的性格特征,致力于发掘包含在父子、母子、兄妹关系之中的人物深层身份意识，这一时期的代表是评论家约翰·欧文(John Irwin)，他出版于1975年的著作《对照与乱伦/重复与复仇》(*Doubling and Incest/Repetition and Revenge*)，成为把精神分析学说应用于人物分析尤其是揭示昆丁性格矛盾的典范之作。80年代后，由于女性研究的兴起，以及日益多元化的文学批评的影响，人物评论经常融入女性批评、原型研究、创作动机研讨之中，反而不如早期批评那样，能够相对系统地对人物进行解读。所以在人物的研究方面，基本上仍然延续了南方文化研究与精神分析模式已有的成果。

然而，在对昆丁的研究中，有一个经常被涉及但又没有得到足够重视的现象，即昆丁的自我毁灭行为。昆丁的自杀是个无法绕过的问题，其重要性堪比哈姆雷特的"延宕"现象，但与哈姆雷特研究不同的是，从来没有学者尝试系统地把这个问题作为主要研究对象。20世纪中期，尚有不少评论谈到昆丁的自杀，都属于在各自的逻辑框架内，对人物的选择做出的特定解读。由于研究对象各有侧重，学者提供的答案也颇为不同，有的从家庭责任的角度考虑，把昆丁与父母的关系看成放弃生命的根本原因；有的从精神分析学出发，将情欲、本能、自我等概念引入对母子、父子或兄妹关系的解释之中，认为昆丁迷失于潜意识中的多重身份冲突；还有的学者从形而上层面，把昆丁面对时间、变化等哲学问题的无力感，视为他找不到人生出路的根源。①

虽然这一系列的阐释对理解人物与小说思想有很大的帮助，但是由于缺乏对昆丁自杀行为的系统研究，所以各种评论时常出现彼此冲突，而不是相互补充的情况。仅就家庭人物对昆丁的命运影响而言，就有母亲决定论、父亲决定论、妹妹决定论三种阐释；

而从个人选择的抽象意义层面考查之,昆丁的自杀姿态究竟意味着对过去的献祭、还是无法接受未来只不过是过去的延续——这两种截然相反的意义指向,即使在人物研究的具体语境下,也没有争论出个结果,甚至有个别评论者将昆丁的行为简单地归结为"对死亡之爱"。[②]这种认识,当然难以解释为什么昆丁花了大段时间回忆身边的纠葛,并在其中感到深重的依恋与羁绊。由于评论界一直没能对昆丁自杀形成更合理的认知,也由于自杀行为本身的复杂性,所以近三十年来,已经很少有人关注这一问题。

昆丁这个人物的研究中体现出的,正是切入角度如何选择的困境。因为众多的评论只把自杀看做是人物生活中的一个次要行为与特征,却没有意识到,昆丁的自杀,与他的哲学思考、身份意识、父子母子关系、兄妹互动模式一样,都属于人物的典型特征,是福克纳构建这个人物时的骨架,只有全部拼接起来,才能形成他的完整风貌与气质。而在针对个人的自杀行为时,我们可以从跨学科研究的角度,借鉴社会学在这方面的成果,看看它能给昆丁自杀这个问题的研究带来什么样的启示。

## 二、社会学对自杀的研究:概述

社会学家对自杀现象做出了持之以恒的研究,也出现了一批著名的学者和卓有成效的学术理论。由于这门学科本身的逻辑特性,比起纯文学批评来,它能够相对严密、比较完整地定义基本问题、确立前提、建立假设、分清讨论的变量,所以对自杀的讨论也比较系统。实际上,已有的社会学研究历时之长、成果之丰,以至于我们必须首先廓清其整体的发展脉络,这样不仅有助于全面了解学术研究的主线与发展，还能为下一步展开讨论打下基础，方便比较不同的社会学学派的学说，研究哪些是研究昆丁自杀问题时可供借鉴的。为了达到这一目的，本文采取了两条途径，一方面从社会学领域著名学者的成果中寻找突破点，借鉴法国社会学家艾弥尔·迪尔凯姆(Emile Durkheim)、让·贝希勒(Jean Baechler)、美国社会学家杰克·道格拉斯(Jack Douglas)、杰里·杰克布(Jerry Jacobs)等人的学说，同时还着重参考了两位学者对自杀社会学成果所做的分类与评论，即道格拉斯的《自杀的社会意义》(*The Social Meanings of Suicide*, 1967)与当代学者史蒂夫·泰勒的两本书：《自杀社会学》(*The Sociology of Suicide*, 1988)与《迪尔凯姆与自杀研究》(*Durkheim and the Study of Suicide*, 1982)。

当追溯社会学在研究自杀问题时所采用的方法时，有一种看法将之分为两个学派：传统学派与阐释学派(泰勒，1988:39)。[③]传统学派的领军人物为法国学者迪尔凯姆，其发表于1897年前的著作《自杀论》至今仍是这一领域的经典之作，作者认为："自杀倾向"本质上受到"社会因素的制约，并且其本身也是一个集体现象"(迪尔凯姆，1951:145)，[④]从这一论断出发，他认为社会学应当致力于"探索社会生活中的整体制度与个体的、或个人的自杀经验之间的关系"(泰勒，1988:19)，而社会制度对个人生活的影响，对迪尔凯姆来说，无非是通过两种方式来体现——"整合"与"规制"。[⑤]

从所掌握的自杀数据中，迪尔凯姆推导说，过度的整合与规制，或者是当两者明显缺乏时，都可能将个人引向自杀(迪尔凯姆，1951:156)。迪氏关于整合/规制的概念、将社会秩序失衡与个体的病理学表现相联系的研究模式，对这一学科的研究产生了深远的影响，在他之后，穆瑞斯·阿伯瓦克(Maurice Halbwachs)、杰克・吉布斯(Jack Gibbs)、马丁・哥尔德(Martin Gold)都从各自角度,以大量的实证研究结合逻辑分析,修正并且拓展了迪尔凯姆的概念与模型。比如,阿伯瓦克的《自杀的原因》(*Les Causes du suicide*,1930)、彼得・塞恩斯伯里所著的《伦敦的自杀现象》(*Suicide in London*,1955),以及鲁思・卡文(Ruth Cavan)的《论自杀》(*Suicide*,1965)都是从社会整合理论出发,研究生活方式如何造成个体与社会的隔离,推高整体自杀率,使得个体更容易表现出自杀行为。[6]

根据迪尔凯姆的另一个规制理论,自杀也可以因社会地位变化时个人无法调整所致,这一判断带动了大量的后续研究,从不同角度证实了迪氏推论的合理性。波特菲尔德(Austin L. Porterfield)以实验研究证明:职业阶层的向下流动性与较高的自杀率之间有显著相关性,因为这种职业流动对个人来说,意味着危机来临,会引起失败情绪,带来心理上的挫折感(波特菲尔德,1960:151)。另一组社会学家亨利(Austin Henry)与肖特(J. Short)指出:"一大部分的他杀与自杀现象都是对外或对内的暴力表现,原因在于人将失落感的根源笼统地归咎于外界或内部的因素"。亨利等人从数据中发现,社会地位较高的人群更倾向于自杀,而社会地位较低的人群表现出更多的他杀行为。他们推断,与地位低的人相比,较高的地位减少了外界的束缚,使得个人在挫折与愤怒中,能够找到并针对的泄愤目标也相应减少,因此地位高的人更容易把负面情绪发泄在自己身上。[7]

现在,社会整合与规制理论已经成为自杀社会学的基本原理,而在昆丁自杀这个问题上,一些文学解读也在无意中符合了这一理论。如有的学者将昆丁的自杀与家庭地位的没落联系起来,有的认为昆丁的性格太过敏感,无法融入学校或社区族群,所以加重了他的自杀倾向。这些判断切合迪氏的规制/整合模式,从文学批评的角度验证了社会学原理所具有的普适性。⑧

在进一步的研究中,社会学者提供了另外一种社会心理学的视角,用来解释社会地位高的人群与自杀倾向之间的联系。马丁·哥尔德发现,自杀或是杀人的行为,往往是多个社会因素共同作用的结果,而家庭中对孩子的惩罚方式可以在某种程度上折射出这个系统的作用过程。例如,在中产阶级家庭中,孩子做错事时,父母一般不会用体罚,而是借助某种心理惩罚方式,让孩子觉得自己有错,如此一来,孩子就失去了可供发泄的外在目标,转而把自己当作自虐的对象(哥尔德,1958:654)。

迪尔凯姆、阿伯瓦克、塞恩斯伯里属于自杀社会学里的传统学派,在它之后,50年代兴起的阐释学派,力图在实证研究的基础上,注重一种"对社会生活的解释性、或主观性的态度"(泰勒,1988:39)。该学派也衍生出几个理论分支,其中一个分支将它的研究对象表述为"童年经历与自杀行为之间可能存在的因果关系"(泰勒,1988:27)。从这样的表述中可以看出,它继承了哥尔德的实证研究特点,但采用了一种新的视角来拓展研究视野。经过传统与阐释学派的共同努力,就童年经历或儿童教养习惯与自杀之间的关系,基本上形成了两种研究方向:其一是重新构建"具有自杀倾向的个人的童年经历",其二是验证一系列变量——"诸如家庭失衡、兄弟姐妹地位、孩子教养方式、以及……失去父母"——与自杀人群的相关性(泰勒,1988:128)。

有的阐释派社会学家走得更远,已经较为系统地调查了自杀者的个人经历。例如,学者杰克布、道格拉斯和贝赤勒都认为自杀研究的第一步应当"描述或关注调查对象的经历,而非解释他的行为"(泰勒,1988:41)。杰克布甚至还分门别类地研究了自杀者留下的遗书,以找出自杀者对个人处境的共同认识(杰克布,1967:60-72)。对杰克布把自杀行为的研究放在第一位的做法,道格拉斯表示认同,但他的目的在于寻找自杀的社会意义,如自杀者经历中透露出的报复、逃避、懊悔等情绪(道格拉斯,1967:284-319)。另外一本对自杀进行全方位研究的著作来自法国社会学家贝赤勒,他进一步发展了道格拉斯的学说,将自杀行为视为对人生存在问题的解答。在此定义的基础上,自杀行为被分为四类:逃避型、攻击型、奉献型、游戏型(贝赤勒,1979:11)。

## 三、自杀社会学研究的启示

由于社会学研究的广度及深度,这一学科的成果无疑可以应用于文学作品中对人物性格与行为的分析。具体到昆丁·康普生这个人物身上,我们已经看到,早期的研究者只是在各自的讨论框架下,围绕其他的问题,附带提及了自杀,至今尚无研究者就主人公的这一行为做系统全面的讨论。而在丰富的社会学成果面前,在跨学科的方法日益得到承认与重视的情况下,对文学人物自杀现象的批评,完全能够从社会学理念的前提、概念与方法中受益。所以,在简要追溯社会学的发展脉络之后,本文回到文学领域内,以昆丁为例,尝试总结几点社会学研究成果对人物研究的启示。

社会学因为自身的学科特性,研究自杀现象时始终把人与社会紧密相连,这一点在传统学派身上就体现了出来。迪尔凯姆注重"论证与解释个体行为与社会或集体生活之间的关系"(泰勒，1988:9)，这种着眼于个体与周围环境和制度之联系的研究方法，可以应用到文学批评实践中，在分析昆丁的行为模式时，关注他与家庭成员、社区邻居的交往、以及他在哈佛求学时面对的社会观念与行为方式的冲击。以迪尔凯姆的眼光来看，昆丁是一个生长于社会中的人，只有将他置于与社会的束缚博弈之中，他的悲剧性格才能最大限度地体现出来。因此，如果只注重对昆丁心理现象的讨论，放弃了对外在因素的追问，似乎并不能够充分地回答昆丁为什么要选择自杀。

把人置于社会生活之中，超越心理层面来了解行为背后的社会原因，这就是迪尔凯姆始终坚持的研究方法。更加值得借鉴的是，他的学说并没有因此走上另一极端：只注重建立在"科学数据"上的显性因素。迪尔凯姆关注的不仅有量化数据推导出的结论，更有"位于观察现象背后无形的、深层的原因……类似自私、失范、利他一类的社会动力"，正是在这一意义上，泰勒将迪尔凯姆称的理论称为"社会一心理学派"，以区别于那些只探讨"可观察到的科学事实"的社会学说(泰勒，1988:9)。迪尔凯姆的后续者如塞恩斯伯里没有延续他的独特方法，反而被阐释学派继承了下来。

文学批评需要考虑人的精神层面，所以搜集可观察到的、能够被数据证明的事实不能成为文学研究的目的——否则文学与文学批评早就被其他社会学科用数据、实验和测量工具取代了(当然，很多新概念、研究视角在跨学科的名义下被文学批评吸收，但都是作为工具为文学而服务)——文学研究始终以"无形的力量"为目标，探索关于人类生活的某些最本质的真理，使每个人都意识到自己是整体人性的一部分(吉登斯，1991:53)。因此，迪尔凯姆的研究角度还有另外一点裨益:提醒文学研究者要把人与社会生活的关系放到精神的层面去考察。在昆丁自杀问题上,学者大都认为,他的性格缓慢而逐步地展示出愈来愈强的自杀倾向,当搜集到"可观察到的数据"并加以分类之后,迪氏的心理角度启发我们:要把目光放到人的思想层面,因为昆丁的思想与行为悲剧表现了一个姿态,指向某种意义,只有在精神层面才能真正解读它。

迪尔凯姆的理论为昆丁自杀问题建立了基础的框架,那么后来的社会学家又能给问题的解决提供什么帮助呢?我们看到,杰克布、亨利等人在50年代之后所做的研究,以及近年来的社会学成果,正好提供了有益的研究方法,帮助分类细化一个人所面对的社会因素,从而理清当昆丁身处不同环境时,各种因素发挥作用的优先顺序,便于准确地描述他的人格成长,解释他的最终选择。在此,笔者将重点以几位社会学家的理论为例,来进一步说明其对文学研究的借鉴作用。

如迪尔凯姆一样,后来的社会学家也都是把各自的研究建立在对社会变量的分析之上。迪尔凯姆推断,无法通过整合机制融入社会的个人,其自杀风险也更高。阿伯瓦克、塞斯伯里、卡文等社会学家通过实证研究,验证了迪氏理论的正确性,并且成功地把与自杀相关程度较高的变量分为以下几类:文化传统影响下的生活方式、社会流动性、地位变化以及父母教养孩子的风格。

对自杀个体,例如昆丁的研究,可以直接从以上这些已经确立的社会学分类中获得参照。比如,在文化传统的层面上,我们可以寻找具体的、能够为昆丁感知的社会因素,如康普生家庭或是昆丁个人在社区里的地位、同一种族、不同种族、甚至男女之间的关系模式;当把广义的社会变量考虑进去之后,再进一步缩小至康普生家族的成员构成、其生活、教养方式在繁荣与没落时的共性与差异,以及地位变化带来的相应压力。也就是说,借用自杀社会学的分类方法,从人物所在的社区形态、种族与性别构成特点、家庭生活及教养习惯切入,把确立并分析影响昆丁自杀的外部因素作为研究起点。例如,在考虑性别身份对昆丁的影响时,我们需要解读的主要问题有:《押沙龙,押沙龙!》中的罗莎·科德菲尔德的社会地位如何?她的身份如何决定了昆丁面对她的态度、及后者对故事的接受与理解?这种态度又如何反映出昆丁对社区传统、个人身份的意识?这些基本问题被解读后,才能进一步剖析更中心的问题:从昆丁与罗莎之间的互动中,能否发现前者的思考习惯和行为特征?如果有的话,怎样解释它们与昆丁的个人选择之间的关系?

其实,诸如父母对孩子的教养方式、昆丁与罗莎的互动这类问题,最终都要指向对昆丁的共同作用层面,也就是说,第一步是对外部变量进行归类,第二步还要涉及对个体心理的考察。从考察外部变量开始,最终与心理学的分析结合起来,这也是自杀社会学在研究家庭结构、互动模式时,一开始就形成的思路。也正是由于不满意20世纪早期的社会学过度数据化的倾向,哥尔德等人才在50—60年代提出了有关孩子教育方式的理论(泰勒,1988:19),后续的研究继承了他们的传统,在坚持测量、分析实验数据的基础上,把家庭生活习惯对全体成员的心理影响纳入研究范畴,以逻辑演绎补充数据归纳的不足。

我们看到,社会阐释学派所采取的研究方式:对家庭行为模式分类,然后进行意义解读,尤其适用于考察昆丁的行为与心理。举例来说,学者一致认为,昆丁的家庭关系存在非常严重的问题,但对究竟是什么问题莫衷一是。⑨如果抛开从单个人物切入的方法,以社会学理论的家庭教养模式观之,则昆丁的家庭类似一种社会学定义的"混乱家庭",其教养方式没有一定之规,时而要求服从,时而放纵;父母对孩子的态度也呈现"排斥"与"纵容"两个极端,反过来,每个家庭成员的行为可能都在无意中鼓励、甚至支持了混乱局面的存在。⑩这样的教育方式,从社会学的角度衡量,非常不利于正面品质的形成。所以家庭的混乱、父母行为的失常,都可以与昆丁的行为特征联系起来,并且提醒文学评论者综合考虑几个因素的交互作用,以寻找更加全面和严谨的解读模式。

　　迪氏之后的传统社会学家只承认从科学调查中直接推导出的结论,而阐释学派的理念则把个体视为"自身社会现实的积极创造者",强调"人的行动是有目的的"(泰勒,1982:131),所以,这个学派的后续发展,特别关注了自杀者表现出的对生命的不同态度,自杀现象在阐释学派这里,获得了一种个体化的研究视角,不再是纯粹的数据归纳和人群划分。如果说,传统学派可以为文学批评提供了批评概念、理论框架与一些实用的研究工具,阐释学派将个人的行动视为有意义的这一理解角度,则为文学研究指明了方向:昆丁在南方和北方环境中的所作所为、他对社区中各色人物的态度、与家人的交往、他的思考与选择,在本质上反映出一个人追寻生命意义的种种调适与努力。从这一立论角度,我们就能够理解为什么福克纳在《喧哗与骚动》里安排昆丁自杀之后,又让他成为《押沙龙,押沙龙!》的叙述者,并且为了使之真实可信,特意把后一部小说的时间背景设置为昆丁自杀之前。福克纳的精心安排也证明,昆丁的最终选择必然不是由单个的心理或环境因素驱动的,而是他一贯追求意义的努力在多个环境下受挫的结果。

前文提到,阐释学派里有一位学者让·贝赤勒,继承并发展了道格拉斯对自杀的社会意义的分类研究法,与道格拉斯相比,他的理论不仅较新,而且对自杀的研究也相对完整,分类比较全面,对文学批评有更好的指导意义。[11]例如,贝赤勒下的定义是:"自杀,是指所有寻找或找到解决人生存在问题的行为,它通过一个人对自己的生命采取某种方式来实现。"这个定义不仅契合了人所面临的现实处境,而且包容了评论自杀行为时要考虑的外部及内部冲突。[12]所以贝赤勒指出,理解自杀需要回答"为什么",这就要求研究者既要解释促成自杀的原因,又要描述自杀的目的。第一步是以"自杀原因"还原当事人的处境,随后再通过"自杀目的"评价行为的意义(贝赤勒,1979:53)。

可以说,贝赤勒和其他阐释学派的理论构架,已经为全面中允地评价昆丁的自杀开辟了道路:把昆丁的行为放在意义追寻的层面上,通过挖掘外部变量如种族、性别、家庭交往模式,观察昆丁在与传统和他人的沟通过程中,是如何感受到重重束缚与困扰的。借用贝赤勒的原话,也就是说究竟"发生了什么,使得当事人决定采用以自杀为问题的解决方式?"(贝赤勒,1979:54)对这一原因的追溯,必然要引入对昆丁处境的调查,从而确立他个人的问题,评价昆丁最后选择的价值指向。

就自杀价值取向这一题目,有必要提到贝赤勒对文学研究的另一个贡献:他提供了四种在理论和方法上都很实用的自杀价值模型,并且指出在实际的事例中,一个自杀行为可能结合了几个价值取向(贝赤勒,1979:59—206)。前文提到,传统上对昆丁的自杀意义看法纷纭,之所以会出现这种局面,一是只考虑某个单独的环境或心理因素,二是忽略了人行为的复杂性。而贝赤勒的理论启迪文学研究者,要全面评价昆丁自杀,必须还原自杀者的处境、充分评估自杀者早期流露的自杀倾向,以及认识人目的的多重性。例如,以下的价值取向问题在评论者那里很少触及:昆丁的自杀倾向在不同环境中都是一致的吗?他的思想流露出何种变化?当昆丁企图杀死凯蒂,然后自杀时,他的自我定位是什么,价值取向与最终自杀时有何不同?

## 四、结语

作为文学研究者,我们看到,目前对昆丁所做的人物研究,已经形成了颇具特色的南方文化与精神分析两条道路,也出了一批很有影响力的学术研究成果,但是因为缺少新的学术理论支撑,其后劲明显不足,所以当务之急,是寻找新的学术理论与研究角度。文学批评是个不断发展与自我更新的过程,即使在传统的批评语言里,学者们也先后借用了文化传统和精神分析的概念。前面的讨论显示出,社会学的出色成果特别适用于对人物的自杀研究,能够超越于微观的精神分析层面,开辟出一条新的探索道路。在迪尔凯姆和阐释学的影响下,社会学本身也兼备了社会－心理两个维度,既总结自杀者所在的社会环境因素,也关注后者对人的心理作用,同时始终把自杀者的行为看做其试图影响生命意义的努力。如果文学研究能够利用这个理论框架,再借用社会学提供的分类工具,如地位变化、性别压力、家庭教养及人际交往模式等,也许能在现有的文学批评之外,开辟一个由社会科学理论和测量手段支持的视角,利用自杀为切入点,完成相对系统全面的人物评价任务。

**注释：**

①布鲁克斯、沃伦、斯皮尔克(Mark Spilka)等学者强调父母的责任；约翰·欧文代表了心理学分析一派的主张；萨特(Jean-Paul Sartre)、卡蒂格纳(Donald M. Kartiganer)、马修斯(John T Matthews)等人倾向于哲学的阐释。

②参见马修斯，第62页；卡蒂格纳，第394页；欧文·豪(Irvin Howe)，第121页。

③英文原名为 the traditional schools and the interpretative schools。实际上，对自杀社会学的分类方法并不止这一种，然而泰勒的概括较为简便，并且对跨学科的文学研究来说，也足够适用。较早的社会学家道格拉斯还提出过另外一种分类方法，具体请参见其著作《自杀的社会意义》。

④原书为法文，引注的年代与页码出自其英文译本。

⑤整合(integration)指的是作为个体的人必须依附于社会的强度。规定(regulation)指的是人们受到外在束缚的程度。参见迪尔凯姆，第154页。

⑥转引自泰勒所著《迪尔凯姆与自杀研究》，第25—32页。以及道格拉斯的著作《自杀的社会意义》，第84—91、95—151页。

⑦转引自道格拉斯《自杀的社会意义》，第138页。

⑧之所以说这些批评是"验证"，而不是利用了社会学理论，是因为在资料收集过程中，笔者还没有发现哪个学者在他的论证过程中，有意识地引用了社会学的成果，所以依据现有的资料，只能说某些评论"无意地"证明了社会学原理的科学与普适性。

⑨对康普生家庭存在的问题，早期的学者如布鲁克斯、沃伦等人，认为主要在于母亲角色的失败；贝克曼(Melvin Backman)、欧文·豪等人侧重昆丁对凯蒂畸形的关爱；以斯皮尔克、金尼(Arthur F. Kinney)为代表的评论家却指出：昆丁的父亲对家庭、尤其昆丁，才有决定性的影响力。

⑩参见贝克(Baker)第105—106页，霍林(Hollin)第143—145页。

⑪虽然都重视自杀的社会意义，但道格拉斯与贝赤勒的学说也表现出明显的不同。如对自杀现象的定义及分类，贝赤勒的定义更简单，突出了自杀作为意义指向的特点，同时他的分类更加细化，在四大类别下还有分支。具

体内容请参见道格拉斯《自杀的社会意义》,第 284—319 页,贝赤勒《论自杀》,第 63 页。

⑫贝赤勒的定义包含了以下几个意思:首先,自杀是对某种问题的反应;其次,这个问题属于人的生存意义层面,同时体现外部和内部冲突;再者,"自杀未遂"也属于自杀的范畴。最后一点对研究昆丁的行为尤其有帮助,因为他曾经试图与凯蒂一同自杀。对自杀的一系列定义及比较,请参见贝赤勒《论自杀》,第 9—22 页。

## 参考文献:

[1] Backman, Melvin. *Faulkner: The Major Years* [M]. Bloomington: Indiana University Press, 1966.

[2] Baechler, Jean. *Suicides* [M]. Oxford: Basil Blackwell, 1979.

[3] Barker, Philip. The Child from the Chaotic Family [A]. In Veb Varma (eds.). *How and Why Children Fail* [C]. London: Jessica Kingsley Publishers Ltd., 1993:103-113.

[4] Brooks, Cleanth. *William Faulkner: The Yoknapatawpha Country* [M]. New Haven: Yale University Press, 1963.

[5] Douglas, Jack D. *The Social Meanings of Suicide* [M]. New York: Princeton University Press, 1967.

[6] Durkheim, Emile. Suicide: *A Study in Sociology* [M]. John A. Spaulding & George Simpson (trans). New York: The Free Press, 1951.

[7] Fowler, Doreen. 'Little Sister Death': The Sound and the Fury[A]. In Donald M. Kartiganer & Ann J. Abadie (eds.). Faulkner and Psychology[C]. Jackson: University Press of Mississippi, 1994: 3-20.

[8] Giddens, Anthony. *Modernity and Self-Identity* [M]. Stanford: Stanford University Press, 1991.

[9] Gold, Martin. Suicide, Homicide, and the Socialization of Aggression [J]. *The American Journal of Sociology*, 1958, 63(6): 651-661.

[10] Hagopian, John V. Nihilism in Faulkner's *The Sound and the Fury* [A]. In Arthur F. Kinney (eds.). *Critical Essays on William Faulk-*

ner: *The Compson Family* [C]. Boston: G. K. Hall & Co., 1982:197 – 206.

[11] Hollin, Clive R. The Lack of Proper Social Relationships in Childhood Failure [A]. In Veb Varma (eds.). *How and Why Children Fail* [C]. London: Jessica Kingsley Publishers Ltd., 1993:135 – 153.

[12] Horton, Merrill. Quentin Compson's Suicide: A Source in Balzac[J]. *The Faulkner Journal*, 2001, 17(2): 59 – 67.

[13] Howe, Irving. Yoknapatawpha from a Historical Perspective [A]. In Arthur F. Kinney (eds.). *Critical Essays on William Faulkner: The Compson Family* [C]. Boston: G. K. Hall & Co., 1982:119 – 123.

[14] Irwin, John T. Doubling and Incest/Repetition and Revenge [A]. In Harold Bloom (eds.). *William Faulkner's The Sound and the Fury* [C]. New York: Chelsea House Publishers, 1988:9 – 22.

[15] Jacobs, Jerry. A Phenomenological Study of Suicide Notes[J]. *Social Problems*, 1967, 15(1): 60 – 72.

[16] Kartiganer, Donald M. Quentin Compson and Faulkner's Drama of the Generations [A]. In Arthur F. Kinney (eds.). *Critical Essays on William Faulkner: The Compson Family* [C]. Boston: G. K. Hall & Co., 1982: 381 – 401.

[17] Kinney, Arthur F. Faulkner's Narrative Poetics in *The Sound and the Fury* [A]. In Arthur F. Kinney (eds.). *Critical Essays on William Faulkner: The Compson Family* [C]. Boston: G. K. Hall & Co., 1982:299 – 317.

[18] Martínez de Pisón L., Ramón. *Death by Despair* [M]. New York: Peter Lang Publishing Inc., 2006.

[19] Matthews, John T. The Discovery of Loss in *The Sound and the Fury* [A]. In Harold Bloom (eds.). *William Faulkner's The Sound and the Fury* [C]. New York: Chelsea House Publishers, 1988:79 – 102.

[20] Miller, Bernice Berger. *William Faulkner's Thomas Sutpen, Quentin Compson, Joe Christmas: A Study of the Hero-Archetype* [D]. Ann Arbor, Michigan: University Microfilms International, 1977.

[21] Porterfield, Austin L. & Jack P. Gibbs. Occupational Prestige and So-

cial Mobility of Suicides in New Zealand[J]. *The American Journal of Sociology*, 1960, 66 (2):147-152.

[22] Sartre, Jean-Paul. On *The Sound and the Fury*: Time in the Works of Faulkner [A]. In Robert Penn Warren (eds.). *Faulkner: A Collection of Critical Essays* [C]. Englewood Coffs, NJ: Prentice-Hall, Inc., 1966: 87-93.

[23] Spilka, Mark. Quentin Compson's Universal Grief[J]. *Contemporary Literature*, 1970, 11(4):451-469.

[24] Taylor, Steve. *The Sociology of Suicide* [M]. London and New York: Longman Inc., 1988.

[25] —. *Durkheim and the Study of Suicide* [M]. London: The Macmillan Press Ltd., 1982.

[26] Warren, Penn Robert. Faulkner: The South, the Negro, and Time [A]. In Robert Penn Warren (eds.). *Faulkner: A Collection of Critical Essays* [C]. Englewood Coffs, NJ: Prentice-Hall, Inc., 1966: 251-271.

# 大众媒介与表征政治*

## ——当代美国媒介文化中的黑人形象

### 周　春

**摘要**：本文尝试从大众传媒这一文化生产领域中所建构的黑人形象入手，分析了美国主流话语表征系统所建构的种种支配性黑人形象及其合法化、制度化压迫的意识形态意义。文章指出，美国黑人应该批判地审视主流话语中的原型表征，从而揭示表征在知识的再生产中所行使的话语权力，并对大众媒介中的文化霸权进行抵抗。

**关键词**：表征；大众媒介；原型形象

**Abstract**: Through the analysis of the black images constructed by mass media, this article attempts to explore and expose how the system of representation of the dominant discourse constructs the images of black people and how these controlling images become the fundament of ideological oppression and justify this oppression. The article holds that African-American people should have a critical thinking on the stereotyped images constructed by the dominant discourse to reveal the process of production of knowledge on otherness and resist the cultural hegemony in mass media.

**Keywords**: representation; mass media; stereotyped images

---

\* 本文获北京第二外国语学院"人才强教深化项目-中青年骨干教师"项目资助。

随着大众文化研究的兴起,文化研究成为黑人批评家探讨差异性、他者性的有力阵地。大众文化这一形象生产的重要阵地是从哪个人的权利,哪个角度出发的,也就是说,谁是凝视者,谁是被凝视者,这一问题成为揭示形象赋予表征的政治的重要问题。事实上,影视等媒介所生产的黑人形象,已经成为人们甚至包括黑人自己认知自我的重要渠道。正如贝尔·胡克斯所说:"黑人常常通过形象、通过无法真正认知自己的眼睛来看待自己。因此我们无法再现真正的自我,而是通过压迫者的有色眼镜来再现……"(Hooks,1990:154)本文旨在通过分析当代影视等大众媒介中的典型黑人形象,揭示美国主流话语通过影视的媒介来强化其种族、性别、阶级等多重压迫的表征政治。

## 一

20 世纪 60 年代以来,随着少数族裔文学批评的日益崛起,美国黑人开始重新审视经典文学中的黑人形象。同时,随着文化研究的兴起,批评家们将审视的目光从传统的文学文本、即纸质文本拓展到如今的电子文本。因此,大众传媒如电影、电视中的知识生产方式也成为当代黑人批评家所关注的重点。而当代美国黑人批评的一个核心问题就是以黑人的自我定义为体,即黑人如何从支配性的原型形象发展成自我认知和自我定义的主体。因此,如何对主流话语,尤其是大众文化中的表征系统所建构的黑人形象进行批判地审视和思考,进而抵抗和颠覆主流话语的表征体系,并以符合自己独特经历的表征系统来建构符合自己文化身份的形象,进行自己的文化表述,成为当代黑人研究的一个重要议题。

20世纪以来,电影、电视等大众媒介中出现了越来越多的黑人形象,同时很多白人电影制片人也开始对黑人文化感兴趣,著名导演斯皮尔伯格的《紫色》就是其中一个最为典型的例子。而在大多数当代美国电影中,传统的黑人形象并没有得到大的改观。例如:《来自另一星球的兄弟》、《蒙娜丽莎》、《恐怖小店》等,其荧幕上的黑人形象功能各异,但是都通过种种消极原型形象的生产而加强了主流话语的支配。在很多当代电影电视中,这样的情景非常多见:黑人男性被刻画为贪恋白人女性,而白人女性则被定义为人们心中美的标准。而在大多数的电影中,主人公则往往是智慧的、勇敢的白人男性,而黑人女性则常常是被主人公所吸引。而正面的、理想的黑人形象则往往是缺席的。这无疑体现了当代白人制作人利用黑人文化来强化了主流话语的支配力量。

历史叙述和当代大众文化,尤其是影视作品设计了围绕黑人身体的原型形象。黑人的边缘身份,以及美国历史上的奴隶制度,使得种族、阶级的连锁压迫,成为黑人受压迫的根源。黑人奴隶被剥夺了识字读书的权利,一直处于"无言"状态。他们的"无法言说",使得他们不断地被主流话语他者化,成为对象性的"客体",无法表述自己的真实状态。

美国主流话语如白人影视制片人依靠其话语权利,制造了种种关于黑人的原型形象,而这种知识生产可反过来强化其权利。这在生产基于差异基础上的支配性形象的过程中起着至关重要的作用。其中一个重要体现就是白人影视制片人通过大众文化媒介如影视、广告、流行音乐等等一系列表征系统,制造了种种扭曲的、单一刻板的黑人原型模式,这些形象创造、维持并强化了黑人的被他人定义、被凝视的状态。而主流控制性话语也早就意识到,对形象的知识生产对于维系种族压迫起着核心作用。而大众影视这一为人们最广泛接受的媒介方式在传播这种白人霸权文化的过程中起着至关重要的作用。有学者指出,《飘》已经成为当今除《圣经》以外拥有最多译本的书。而人们也正是通过影视作品来认知黑人及黑人文化的。

通过大量的影视作品,我们不难发现,黑人原型形象主要可以分为这样几类:老实驯服而又对白人奴隶主无比忠实的黑人仆人;暴力野蛮的"坏黑鬼";高大而又性欲旺盛、贪恋白人女性肉体的黑人形象等等,而正面的、丰富多样的黑人形象在当代影视作品中仍然是较为缺失的。而事实上,如果我们带有审视的目光去分析这些媒介中所制造的黑人形象,我们可以看到,这些原型形象无疑体现了白人主流话语的文化霸权意识。《汤姆叔叔的小屋》这一文学作品及以后拍摄的影视作品中无数对白人主人忠实驯服的黑人仆人形象,体现了白人心目中理想的白人与黑人之间的关系;暴力野蛮的"坏黑鬼"形象则强化了白人对黑人的压迫:既然黑人大都是野蛮的、暴力的坏人,那么无疑为白人压迫和"惩罚"黑人提供了理所应当的借口。

种族间的两性关系成为影视作品中另一个较为典型的现象。在美国国民的心目中,黑人已经成为暴力行为的代表。黑人男性性欲旺盛、贪恋白人女性肉体更为影视作品中所常见的。在经典影片《一个国家的诞生》中,就不仅有黑人叛徒强奸白人女性的情节,而且还有混血儿林奇强迫白人女性嫁给自己的情节。后来,在白人女性父亲的带领下,一群"正直勇敢的"南方白人男性与黑人开始了直接冲突,英勇顽强地战胜了黑人反叛者。这些白人成为白人女性、白人荣誉和白人光辉的维护者,他们恢复了南方所失去的一切,其中包括白人霸权。在某种意义上来说,这种黑人男性对白人女性的向往成为影视作品中的一个成见。白人女性纯洁、柔弱、美丽,是女性理想的象征,也是白人骄傲、力量和美的象征。因此,白人担心每个黑人都向往白人女性。而黑人女性则往往被刻画为女性的对立面:在当代影视作品中,黑人女性常常是放荡的、性欲旺盛的欲女形象。而这种形象,无疑合法化了白人男性的性别、种族压迫和侵犯。而在民权运动之前的影视作品中,黑人女性则往往被刻画为急于投入白人男性的怀抱。因此,人们很难在影视作品中看到黑人女性与白人男性,或是黑人男性与白人女性有着理想的爱情。这无疑体现了白人霸权文化的成见。

主流话语强加在黑人身上的负面的刻板形象汇集在一起,构成了意识形态压迫的基础。而这种意识形态上的压迫比政治、经济的压迫力量更为强大,也更为有力地维持了主流话语对黑人的压迫:"没有强有力的意识形态支持,证明其合法性,种族、阶级和社会性别压迫就不可能继续下去。"(Collins, 1991:67)

## 二

在当代大众媒介中,无疑黑人女性形象最为明显地体现了白人主流媒体表征体系的文化霸权,同时也体现了其种族、性别和阶级压迫的现实。随着黑人女性文化研究不断深入,黑人女性批评家也日益意识到大众文化中的种族政治和性别政治。

随着文化研究的兴起及其在美国的兴盛和发展,近年来,美国黑人女性知识分子也开始将自己的审视目光转向了社会文本这一扩大了的文本形式,这种文本不仅包括了传统文学研究领域的文学,而且包括影视作品、音乐、大众文化等社会文本。因此,在探讨黑人女性形象方面,我们也应该将批判的触角指向大众文化,尤其是大众影视这一最为广泛建构黑人女性形象的领域之一,对大众传媒,尤其是影视中的黑人性与黑人形象进行批判的思考。

电影在表征系统中有着独特的位置,黑人与非黑人观众主要是通过影视来认识美国黑人。因此,对当代电影中所建构的黑人女性形象进行批判地审视,对于正确地认知黑人并揭示主流话语表征系统有着至关重要的作用:"比起其他媒体经验来说,电影更大程度上决定了黑人性与黑人如何被观看以及其他群体在基于他们与这种被建构与被消费的形象的基础上如何回应我们。"(Hooks,1999:351)事实上,观众如果带有审视的目光去分析美国电影史上最有影响的经典电影文本,可以在批判地审视当代黑人与黑人性的表征时,思考表征背后的文化权力与制度、规范化的作用,并揭示大众影视媒体中的维持压迫制度及整体统制黑人与黑人性的表征与进行表征的制度化之间的直接关联。

同时,我们应该认识到一个重要问题,即在电影表征的黑人形象中,谁是凝视者,谁是被凝视者,只有在弄清这个核心问题的基础上,很多问题才可以得以清晰。在分析影视作品中众多的黑人女性形象后,我们不难发现,在电影、音乐和大众文化中,主流话语通常将黑人女性身体作为白人男性帝国凝视对象的现实。黑人女性被建构为白人男性种族和性别凝视的客体,并成为道德上崇高的对立面。与白人女性的贞洁、单纯、天真、脆弱这些典型的女性气质不一样,黑人女性形象往往被作为其"差异"的对立面来建构。因此,在大众文化和影视中,人们看到的往往是强壮的(保姆、女家长)、性欲旺盛、道德腐败堕落的黑人女性形象(生崽女、妓女、淫荡的女性)。这些带有种族、性别政治的文化表征无疑体现了主流话语(白人男性)合法化白人男性霸权的本质。正如詹姆士所指出的,将黑人女性刻画为强壮的形象,成为她们不值得保护的借口。而性欲旺盛的黑人妓女形象,则更为集中地体现了大众文化中建构的黑人女性形象的性别政治。它为将黑人女性身体作为白人男性性凝视与性侵犯的目标提供了合法性依据。因为在主流话语中,只有贞洁、有道德的女性受性侵犯才被视为强奸,而黑人女性的不道德则使人们理所当然地忽视其受到性侵犯的现实(James,1999:123)。

除了影视等媒介之外,当代流行音乐、广告传媒等大众文化同样也体现了大众文化中的性别和种族政治,其中最为突出的一个文化现象就是 20 世纪色情画。很多黑人女性文化研究者指出当代色情描写的画像与卖淫"被市场化来象征黑人女性的性特征"。正如詹姆士所指出的那样:"历史与当代电影设计了围绕黑人女性身体的诸种种族、性别定型,这样的设计旨在模糊黑人女性活动家与机构的政治形象。"(James,1999:128)

因此,很多当代的黑人批评家和文化研究学者指出,黑人应该对当今的大众媒介保持着审视的态度,批判性地分析主流话语的表征系统所生产的黑人形象。这种分析,不仅在于研究这些对黑人形象的表征是否正确,而是要进一步认识表征在知识的再生产中所生产的文化意义与这些支配性形象所行使的特殊权力,并揭示出由此而生产出的文化符号如何强化主流话语种族、性别和阶级的连锁压迫功能,从而合法化这些压迫,进一步影响、支配黑人的自我定义与身份认同。

## 三

当代大众媒介中的黑人形象不仅合法化、制度化了其种族、性别政治,更为重要的是,这种合法化的压迫,影响了黑人的自我身份认同,使这种黑人原型形象的"成见"内化为黑人自己的自我认知,这是更为具有危害的影响。例如,大家都很熟悉的影视童星秀兰·邓波儿在美国影响了一代童年女孩子审美观的形成。白皮肤、蓝眼睛成为大家心目中美的标准。黑人小女孩同样把这样的美作为自己的标准,内化的白人主流话语的美的标准使得黑人女孩产生自卑心理,甚至进一步有着"自我憎恶"的现象产生。

内化的种族主义成为建构黑人形象的另一重要因素。自哈莱姆复兴以来,众多黑人学者就开始关注美国经典名著中白人主流文化对黑人形象的建构这一问题。而自20世纪后半叶,更多的学者也开始关注大众传媒中定型形象对黑人心理所造成的巨大影响。其中一个最有力的证明就是:作为无法表述自己的客体化他者,黑人女性常常内化这些歪曲的客体化形象,从而将主流话语的表征自然化、制度化、合法化。正如电影制作者普拉提芭·帕玛(Pratibha Parmar)在《黑人女性主义:发声的政治》文中所说:"形象在定义和控制个人和边缘群体能接近的政治和社会力量方面起着关键性的作用。形象的根深蒂固的意识形态本质不仅决定了他者如何思考我们,而且决定了我们如何思考我们自己。"(Hooks,1999:351)

主流话语将黑人作为自己的对立面和"他者"进行建构,在这种建构后面隐藏的话语权力关系,对黑人的自我认同产生了巨大的影响。从这个角度上来说,这些被他人定义的种种原型形象,在黑人无法表达自我意识和自我生活经历的时候,逐渐内化成为黑人自我定义、自我身份认同的来源。而这种内化的身份认同却又反过来加入了主流话语对黑人自身的压迫,成为自我压迫的来源之一。

无疑黑人女性更是这种原型形象的受害者。种族、性别、阶级政治使得黑人女性对黑人制度内的性别压迫同样重视。在黑人如何内化白人标准这方面,黑人女性将批判的矛头指向了黑人社区和黑人制度本身,认为黑人社区与黑人制度为内化主流话语的标准提供了条件。一些黑人女性批评家通过对黑人文学文本以及电影的批判性审视,敏锐地指出了黑人社区本身成为黑人女性生存与获得权力的主要威胁这一议题。另外,黑人女性批评家还指出了黑人社区的风俗与标准如何影响了黑人女性探索自我的历程,以及这种内化原型形象的毁灭性后果:它不仅影响了黑人男人与女性的自我定义,而且往往导致许多黑人女性的毁灭。文化批评家贝尔·胡克斯在《反叛文化:抵抗地再表述》中通过考察当代电影中的黑人女性表征,分析了内化的种族主义如何对黑人的心理造成了巨大的影响,并将白人优越论加以再制度化:"内化白人优越论的态度与价值观的黑人与其非黑人种族主义的对手一样,是这种制度化的动因"(Hooks,1994:187)。事实上,这种内化的种族主义和性别主义话语同时对黑人女性美的标准产生了巨大的影响,这也一直是黑人文学与大众文化中一个重要的主题。当代美国黑人女孩都以白人女性的美为标准就是一个重要的体现。

一直以来,主流话语控制了学校、教育机制、大众文化、传媒及其他社会文化机构,这些机构都建立了处于话语优势群体的意识形态,文化强势使处于弱势的群体无法使自己的观点被大家所知。黑人很难进入大众媒体和公众论坛,这使得黑人难于或无法表述其自我定义的观点。从这个意义上来说,黑人如何将个人的、压制的、却有潜力表达自己意识转化为集体的、发音的、自我定义的立场对黑人的生存十分关键。

对媒介文化中所建构的黑人原型形象的批判,不仅是对既有的表征体系的重新审视、抗争、揭露与颠覆,同样是自我质疑、挑战与改变的过程。作为一种跨越学科界线的"越界"的文化实践,这种批判的审视揭示了主流话语的表征系统霸权文化的生产过程,并进一步可以解释这种霸权文化对于整个黑人的心理和自我建构的影响。这不仅对颠覆既有的主流话语的霸权文化有着非常重要的意义,更为建立黑人自己的多样化的、积极的表征系统奠定了基础。

**参考文献:**

[1]Collins, Patricia Hill. *Black Feminist Thought*[M]. London: Routledge, 1991.
[2]James, Joy (eds.). *Shadowboxing: Representations of Black Feminist Politics* [M]. New York: St. Martin's Press, 1999.
[3]Hooks, Bell. *Yearning: Race, Gender, and Cultural Politics*[M]. Boston, MA: South End Press, 1990.
[4]Hooks, Bell. Introduction: revolutionary attitudes. In Black Looks: Race and Representation [A]. In Ervin, Hazel Arnett (eds.). *African American Literary Criticism*, 1773 to 2000[C]. New York: Twayne Publishers, 1999: 347-362.
[5]Hooks, Bell. *Outlaw Culture: Resisting Representation* [M]. New York: Routledge, 1994.

# 《民间故事形态学》的功能模式分析

龙　云

**摘　要**：普洛普从故事结构入手，从百篇童话中概括出31种功能，这种分析方法的意义在于打破了传统叙事结构的分析。但普洛普直线式的序列组合功能对于人物的动机、事件的时空等关联性问题并未给出系统性解答。本文探讨了普洛普理论中的不足之处，指出其研究结果主要还是归纳性和经验性的，缺乏关涉语境的思考。

**关键词**：功能；叙事结构；角色；语境

**Abstract**: Based on the story structure, Propp summarizes 31 functions from one hundred folktales. The significance of this analytical approach is that it puts an end to the analysis of the traditional narrative structure. However, Propp's lineal function of sequence combination fails to present a systematic answer to the character's motivation, the space-time of the events, and so on. This article probes the deficiency in Propp's theory and indicates that Propp's research is mostly inductive and empirical, which lacks of the contextual consideration.

**Keywords**: function; narrative structure; character; context

普洛普开创了结构主义叙事的先河，他的"功能说"是叙事语法的最初成果。在《民间故事形态学》一书中，他指出："童话具有二重性:一方面,故事的内容千奇百态;另一方面,它们读起来又如出一辙。"普洛普认为如出一辙的关键在于"功能"。普洛普从100篇童话中提取出了31种功能。他的方法是根据人物的功能来研究故事,认为人物的功能代表了故事的基本成分。对于功能的确定不应该考虑具体的执行人物,功能是由一个表现动作的名词来执行,这种动作不能在叙事之外来确定。正如普洛普在书中的定义所说:"我们把它理解为是一个任务的动作,这种动作是根据其在情节的展开之中的含义来确定的。"普洛普把他的理论概括为四点:1. 人物的功能是故事固定不变的成分,不管这些人物怎样,功能赖以完成的方式如何;2. 功能单位的总数是有限的;3. 功能的续接总是相似的;4. 所有童话在结构上都属于同一形态。普洛普的31种功能是按先后顺序排列的,构成了线型的句法序列,它们可以被统分为几个阶段:准备阶段、深入阶段、遣派阶段、搏斗阶段、返回阶段和承认阶段。普洛普根据人物在故事中的"行动范畴",把"角色"分为七种类型:(1)反角(villian),(2)施惠者(donor),(3)助手(helper),(4)公主或被寻求者(sought-for person),(5)差遣者或者送信者(dispatcher),(6)英雄(hero),(7)伪英雄(false hero)。各种角色都有其动作范围,即包含上述一个或几个功能。因此,普洛普对故事下的定义是:"(故事)是按照以不同形式出现的功能的正规续接构成的叙事文",或者"故事都依据具有七个角色的一种方案"。

普洛普的最大贡献在于突破了以往叙事分析的传统结构。以往的俄国学者认为母题是最基本的叙事单位,曾按照人物和主题加以分类。可是普洛普认为,母题仍然可以被细分成小单元,而且每个单元又有变换的可能。所以普洛普认为应该从故事的结构入手,以故事组成单元在童话中的组织与结合方式为重心。他的理论原则是：表面的"母题"是一种"可变项"，而作用或"功能"是一种"常数"；研究童话的结构必须从"不变项"入手。普洛普的理论着眼于情节与功能、人物与角色之间的关系，对于理解叙事文学的本质有一定的帮助。但是在功能单位的界定上，普洛普也只是依赖印象式的判断而没有将之完全系统化。他的方法是将童话拆解成句子段落，把看似相关的句子归结起来，套上"功能单位"的名称，用这些公式套用一切童话，试图解释各种表面不同的现象，同时创作出新的童话。可以说普洛普的功能说是一种直线式的序列组合，并没有将人物的动机和事件的时空交错顺序等因素考虑在内，因而理论难免显得单一化和理想化。本文认为普洛普理论中存在的问题可以从以下几个方面来进行探讨。

## 一、普洛普对于作品的选择

确立叙事原则的关键是对作品的选择与确定。普洛普当年研究的100篇俄国民间故事取自俄国童话学家阿法纳西耶夫的俄国童话目录（从 No.101 到 No.200）。一般来说，民间故事经过时间选择淘汰和历代读者认可才得以流传。民间故事的特点是：其内容来自民间，反映的多是民间生活，情节生动，故事性较强。普洛普的功能说在这一类作品中比较容易界定，但是对于现代心理小说，特别是通过话语技巧揭示人物特性的实验派小说，普洛普的行为功能说几乎没有立足之地，例如《项狄传》中的行为功能不但不连贯，而且还处于次要地位。另外，瑞士著名学者麦克斯·吕蒂在《童话的魅力》一书中，在对世界民间童话叙述方式中的重复、对比进行分析后，认为童话故事在叙述上即具有既定型又富于变化的特点。也就是说,尽管西方有些民间故事和中国的民间故事有一定的相似性,比如中西方都有"恶龙"传说,都是表达了人民对独裁转制统治的反抗,以及人们对美好和平生活的向往。与中国不同的是,外国民间故事中更为强调探险精神;中国很多的民间故事常有神话幻想情节,充满神奇色彩,如《渔夫的故事》、《牛郎织女》等。另外乐黛云曾指出:"由于时代、环境、文化、民族心态的不同,共同的主题在不同的作品中有着很不相同的表现"。(乐黛云,1998:15)这样一来,情节上的不同会导致动能的差异,因此普洛普基于西方的民间故事总结出来的理论未必完全适用于分析一切民间故事。毕竟民间故事蕴涵着本国人民长期的文化心理和审美情趣,是一种构成集体记忆的集体书写,同时也记录了主流意识形态的标准。换言之,结构之下的内核是民族的文化记忆。普洛普对此并未进行探讨,而这也是故事构成的重要要素之一。诚然包括普洛普在内的众多叙事家们将自己的任务设定为探寻作品结构形态的内部机制,而避开关于文化内涵的探讨。可是如果不将作品的结构研究与作品的整体功能相联系,那么所得出的结论只能适应某个时期某个地域的特种文学作品,很难具有长久的生命力,很难解决新时代背景下文化内涵和审美情趣都或多或少发生变化了的新故事,也难以体现出现实逻辑。申丹从语境方面对单纯文本分析做了批判:"正如过去三十年来很多理论家所论述的,脱离语境的、自足的文本概念其实是无效的,因此,在叙事阐释中考虑语境的必要性现在已得到了大家的公认"。(申丹:2006,39)所以说,脱离语境的作品研究无疑脱节于其文化渊源和作品功能,而这两者又反映并决定了作品的创作,因此普洛普从 100 个民间故事中得出的结论不能适用于所有文类作品也是在所难免。

## 普洛普总结的功能模式

(1)叙述规则

普洛普的31种功能是按先后顺序排列的,构成了线型的句法序列。换句话说,普洛普讲究叙事的直线式序列组合可以被理解为一种连贯式的叙述,即按时间先后顺序,以一人一事为主线,连贯地展开叙述,当然叙述过程中必要时也包括重叠式或三叠式。但是中国的民间故事比起欧洲的民间故事来说在形式上更加流动,结构上更为复杂,形式上呈现出一种"混合"状态,主要体现在母题互相交织带来的情节结构渐趋复杂的方面。以《张打鹌鹑李钓鱼》为例,故事中主人公的生活遭遇,经历了六七次波折,一会儿喜从天降,一会儿飞来横祸;一会儿"山穷水复疑无路",接着却是"柳暗花明又一村"。从所含母题来解析,本篇故事由如下六个母题构成:(1)救鱼放生;(2)动物报恩,龙宫得宝;(3)凡人与神奇动物(哈巴狗)化身的美女成婚;(4)美人画像被风刮走落入坏人手中招惹灾祸;(5)善恶两方比赛争斗;(6)"无名"怪物惩罚恶人。这几个母题巧妙地连结在一起,构成一个完整而美妙的艺术世界。中国民间故事形式上呈现出一种"混合"状态的原因之一是中国在丰富的本土文化与外来文化的多重交流融合中积累了相当数量的母题;相反,北美印第安人的故事情节结构比较简单,原因在于他们口头文学中储存的母题数量偏少。这一特点也再次说明民族文化背景对于叙事规则的影响。叙事技巧的文类效果一定程度上所依赖的叙事规约并非一成不变,叙事技巧是在社会历史语境中产生并使用的。叙事对事件严格的线性顺序的偏离符合人类对时间的体验,而且各种偏离对读者会产生不同的影响。

(2)叙事模式

普洛普的七种功能角色的"行动范畴"渐已形成一种基础的叙事模式——拯救模式,这种基础模式被广泛采用在各种电影和小说叙事中。但是随着社会的进步与发展,文本创作不再纯粹尊崇这一模式,甚至越来越多的作家颠覆常规的叙事模式以满足观众求新求变的心理。所以说,叙事模式应该是一种动态的变化,社会、文化和读者决定其变化的趋势,比如大众读者的某些逆反情绪,或者一部小说如能引起争论或者受到批判,其知名度和销量会立刻上升,这反过来会改变作者创作的叙事模式。

普洛普的叙事模式提到了叙事回合,他所说的回合是指同类型事件的反复发生,或者说同种功能的再次出现,这与中国民间故事崇尚的"一唱三叹"、"一波三折"的曲折回环效果有所不同;而且中国民间故事多是"好人多福"、"好事多磨",这比起普洛普完成任务的叙事模式多了一层社会寓意和社会期待。

从叙事艺术上来看,母题的选取和排列组合具有连贯、反复、对比、升级这样的多重效果,普洛普在其叙述规则和叙事模式中更侧重单一的线型结构,忽略了在隐含的叙事逻辑中蕴涵着民众深沉的文化心理、丰富的艺术智慧和独特的审美情趣。这也正是民间故事具有深厚魅力,在广大民众口头世代传诵不息的奥秘所在。其实对于社会历史语境的关注不仅会发现某些被忽略的叙述模式,还有可能发现一些新的情节类型。

## 二、功能的特性

普洛普根据"功能"研究童话的形态结构,认为任何动作如果脱离故事发展就丧失了本来的意义。那么功能在动作过程中的意义到底是什么呢？功能对于故事的整体性所发挥的作用是什么？普洛普认为故事的整体性在于故事的回合,故事的整个过程可以包括一个回合或者多个回合。但普洛普却忽略了功能除了其序列性外,功能的动机在叙事中也具有相当重要的作用,而且普洛普没有对动作的重复出现即动作的"共时"关系给予太多关注。尽管一些叙事学家将普洛普的功能说进一步推向了深入,如巴特的叙事层、托多洛夫的叙事话语以及格雷马斯的功能要素的连对关系,但功能的特性有必要从主人公特性和作品的社会功能两方面进行界定和完善。

### 1. 主人公特性的辨认

从文学的功能来看,有关生命、死亡、爱、恨、情、仇、善、恶、正、邪之中的重重矛盾和斗争的永恒主题是作品必不可少的。主人公对作品的情节和结构有重要意义,当文学不单纯是一种经验的反映,当文学具有教化功能的时候,主人公的命运对于叙事结构的意义就凸显出来了。英雄、俊杰、楷模、典范是所有民族的文学中不可或缺的。普洛普的功能说中将角色分为七类,但就完成任务来看活动主要集中在主人公和反面人物之间,事件的发展顺序是主人公接受任务与反面人物交锋,完成任务返回后业绩等到承认。这类故事中通常正义的主人公不能出事,在与邪恶势力的斗争中,英雄角色必须成功完成任务,哪怕历尽千辛万苦。英雄不死的作用在于读者或观众感受到希望和保障:正义和力量的存在。但是普洛普的功能说不能解释主人公未能完全完成任务,而且甚至出现主人公死亡的命运的故事。这类故事不能单看其叙事顺序,其精彩之处在于矛盾的情节,作者的叙事重点要体现在相对事物的力量抗衡上,即偏向主人公的砝码要大于反面人物,这会加重善恶较量的艰难和悲壮。

曾致力于在故事的深层结构中寻找意识形态批评的空间的美国新马克思主义批评家杰姆逊(Fredric Jameson)提醒文化批评者关注角色的深层寓意。"英雄是不存在的,英雄只是意识形态上的一种完美"。英雄总是带着某种道德困惑出现的,而他/她之所以成功,因为他/她克服了这一困惑。这是因为人物性格的多重性决定了主人公未必自始至终都是正面人物,需要通过在故事发展过程中的其他行动来判断主人公的本质,主人公的本质决定了任务是否被完成、任务是否真正被成功完成、所完成的任务究竟是主人公的伟绩还是反面人物的把戏。这再次打破了普洛普的"完成任务"的线型结构理念。另外一个值得关注的问题是有的故事中的英雄主人公的"犯错"是顺应民意的,因此主人公的行为动机也是一个需要考虑的必要因素,这也确立了任务完成的类型和属性,特别是在一些伦理故事中这一特点尤为明显。

所以说"功能"不能只取决于任务是否完成,应该在辨明主人公本质、行动动机的基础上,去考察任务完成的情况包括主人公的命运以及和反面人物的力量对比。

### 2. 作品的社会功能

作品除了永恒的主题,还应该反映社会主流的价值观和意识形态,既包括:对生命的尊重,对公正、正义的追求;对人类情感的推崇和珍惜,亲情、爱情、友情,这是人与人之间基本的三种情感;又包括对自由主义和个人主义的颂扬。将主人公塑造为具有强大感召力和人格魅力的英雄,将社会主流的价值观具体化到主人公身上,通过人们对英雄的认同,实现对英雄们所具有的社会主流意识形态的认同。所以普洛普的功能说应该与母题一道发挥社会功能作用,这样才能显现其意义。

另外有的作品通过适度的反国家主义的描写,达到了在现实生活中稳定秩序、建构主流意识形态的目的。作品将问题集中在某些政治团体和个人身上,潜台词意在告诉读者:有问题的是个人,而不是社会,国家精神和国家价值观是没问题的。由此,读者被安抚了,主人公的经历使观读者宣泄了对现实的不满,而对主人公的认同则使他们接受了主人公所体现的价值观,国家的意识形态由此而得以建构圆满。这种表面的"违反"实则是功绩的圆满。

从叙事学发展历程来看,其研究范式先后经历了叙事结构、叙事方式、叙事语境研究的转变。通过上述三个方面的论述,可以看出普洛普的研究主要还是归纳性和经验性的,不能涵盖所有类别的故事。情节和主题随着现实生活的复杂化会出现变异,叙事模式也会随之变化,众多的叙事学家也必然在前人研究的基础上将叙事分析推向深入。尽管叙事研究存在很多变量因子,但我认为这一领域具有恒定的"常量"。关于这一想法可以引用当代日本著名作家村上春树的"故事是世界的共同语言"加以论证。村上春树在全世界都享有极高人气,他的小说也引起了世界读者的共鸣。在近期采访中当被问及作品为何在全球如此受到欢迎时,村上春树说:"可能是作品故事的趣味性和文体具有普遍的感染力","创作故事是深入灵魂中的工作"。我们知道现实世界中不同国家的人们在语言、环境和思想上是存在差异的。村上认为:"一旦深入灵魂的世界,那就是同一个世界了。我想正因如此,故事才能超越各种文化的差异,获得相互理解。"由此可见,对村上而言,写故事就是探寻灵魂的奥秘。这种文体的普遍感染力和深入灵魂世界的写作归根结底,是人对艺术的天生鉴赏力,是对美与善的追求。正如两千多年前孟子所云:"口之于味也,有同嗜焉;耳之于声也,有同听焉;目之于色也,有同美焉"。尽管人类有种族与肤色之分,历史有古今之别,纵然在今天的世界,各国在社会制度和意识形态上还存在着巨大差异,但人类毕竟还有一份本质相通的善念和审美意识,这是人类能够超越时空阻隔互相理解、彼此融合的基础。因此,在叙事学研究中,美学观点不能排除在创作之外。

## 三、结语

一般观点认为叙事结构是内部的情节安排,是人物命运和故事的发展、结局。不可否认俄国普洛普对于俄国神话的分析,开创了叙事结构分析的先河。通过上述分析可以看出普洛普所选作品无法涵盖一切文类作品;普洛普认定的作用或"功能"也并非是一种"常数"或"不变项",因为主人公的特性和文本的整体功能会改变原有的叙事模式,后来的格雷马斯也认为叙事处于动态的事件中,他的所谓叙事,就是要将读者置于一个以为新事件不断发生的幻象之中,要造成这种幻象,叙事者要不断地改变事件的状态,而事件当然不可能永远和随心所欲地变化发展下去,它只能在叙事结构所规限的空间内变化发展,而且只能向对立或矛盾的方向变化发展下去,当所有变化发展的可能性都穷尽之后,故事就完了。不过格雷马斯未就人物特性加以拓展分析,只是从多元关系中找出二元对立。现实中的人,所扮演的社会角色,总是处于不断变化和增减的过程中的,人的社会角色随着社会背景以及自身发展的发展也会时时发生变化。格雷马斯的方法在一定程度上揭示了各种角色在叙事结构关系中的功能,但却无法展示作品的社会功能。这也再次说明:随着时代的变化,不考虑语境的分析方法无法解释新型文学以及其他地域的文学作品。

**参考文献:**

[1] V. Propp. *Morphology of the Folktale* [M]. Austin and London: University of Texas Press, 1968.
[2] 刘守华. 中国民间故事史[M]. 武汉:湖北教育出版社,1999.
[3] 麦克斯·吕蒂著(瑞士),张田英译. 童话的魅力[M]. 北京:社会科学文献出版社,1995.
[4] 米克·巴尔著(荷兰),谭君强译. 叙述学:叙事理论导论[M]. 北京:中国社会科学出版社,1995.
[5] 申丹,杨莉译. 语境叙事学与形式叙事学缘何相互依存[J]. 江西社会科学,2006,(10):39-54.
[6] 申丹. 叙述学与小说文体学研究[M]. 北京:北京大学出版社,2005.
[7] 乐黛云. 我的比较文学之路[J],中外文化与文论,1998,(5):4-35.
[8] 钟敬文. 钟敬文民间文学论集[M]. 上海:上海文艺出版社,1985.
[9] 朱维之主编. 中外比较文学[C]. 天津:南开大学出版社,1992.

# 第三部分:文化研究

# 美国映象

## ——透视美国电影与美国社会之互动

### 李 中 泽

**摘要**：20世纪的下半叶,以及新千年的第一个十年均为历史变革、社会动荡的重要时期,同时也见证了影视文化的勃兴。电影作为社会文化的重要载体,在这一时期亦获得了长足的发展,与历史变革和社会发展形成了巨大的互动。美国电影的发展与成就即是这一历史时期的产物。它反映了此时期美国社会、政治、文化的自身脉动。同时,电影中主要人物的性格特征及其社会经历也折射出美国社会进程和社会热点的诸多特点。美国电影的多重功能,以及与社会进程、社会热点之互动意义深远。

**关键词**：美国映象；社会进程；社会热点；互动

**Abstract**: The second half of the 20th century and the first decade of the new millennium featured as a very important period of mankind, full of historical happenings and social turbulences while it also witnessed the boom of multi-cultures. American films, as the leading media in the period, gained remarkable developments and achievements, which interacted with the historical changes and social developments. The American films in those years served as one of the very outcomes in the media, reflecting the social, political and cultural changes in that historical span. The characteristics and experiences of the main figures in the films also reflected many meaningful and functional points in terms of the social progression and hot issues. The actual interactions between American films and social issues as such do carry great significance.

**Keywords**: American films; social progression; social hot issues; interaction

20世纪对于全世界而言,在许多方面均有着特殊的意义。美国作为在20世纪全面崛起的超级大国,不仅在政治、经济和军事等方面拥有特殊的作用,它在文化、特别是影视文化方面也发挥了不可替代的作用。美国电影作为其"软实力"(soft power)和意识形态输出的重要途径和载体,也迎合了清澄社会正义、丰富社会精神生活等多重需要,充分地利用电影的直观形象效果,不断地打造出震撼心灵的巨作,与时代进程和社会热点形成了积极的互动(interaction)。这样的互动已经不囿于美国电影与美国社会的互动,而是在全球范围内形成了美国社会文化与多元文化机制的互动。

言及"互动",是指西方社会学理论意义上的相互作用。社会学作为社会之学,以其深厚的学科积淀和丰富的研究内容,在人文学科(特别是西方人文学科)中迅速发展、成熟,在其近两个世纪的发展进程中已经跻身为重要的人文学科之一。其中的互动理论,或曰相互作用理论(the Theory of Interaction or Interactionism)已经成为该学科最主要的三大理论之一。互动论产生于19世纪末、20世纪初,主要受当时的行为心理学和符号学的影响。该理论集中研究个人之间、群体之间、人与社会之间的相互作用。故此,该理论也当之无愧地成为透视美国电影与美国社会之互动的经典理论。

# 一、美国电影与社会进程之互动

## 1. 美国的价值观念与电影的价值

美国是电影王国,电影是美国的支柱产业之一。电影是美国人生活的重要组成部分,美国人每年用于观看电影的花费与年俱增(2000 年美国人观看电影的花费为 77 亿美元),电影创造了巨大的经济效益。当然,电影的价值并非仅此而已。电影作为重要的现代传媒手段和社会文化载体已经被植入多种人文元素,彰显着社会文化价值,承载着巨大的社会文化功能,成为社会人(social being)重要的精神家园。由于美国特定的社会文化基因,美国电影在此方面更加显示出不同凡响的作用。

法国的卢米埃尔兄弟在巴黎"放映电影"(1895 年 12 月 28 日)之日仅仅标志着电影的诞生,只是在美国这片特殊的土壤中,电影才得以迅速生根、开花,果实累累。早期的美国电影无所谓"大片"和轰动,"默片时代"(silent movies)的电影曾因其五美分的票价被戏称为"五分钱影院"(Nickel Theater)。由于其通俗的表演和低廉的票价,电影首先在下层民众中走红开来。中上层社会的人士似乎还嫌其粗俗,而不屑一顾。然而,社会进入 20 世纪 20 年代之后,电影质量的提高和豪华电影院的出现,大大地吸引了美国中上层人士。1929 年有声电影的正式诞生和 30 年代彩色影片的出现使电影的魅力大增。特别是洛克菲勒财团和摩根财团这样的美国顶尖财团的投资和介入,给美国电影插上了腾飞的翅膀、提供了无限商机,也创造了前所未有的、巨大的社会文化财富。

如果说电影的诞生首先是科技的胜利,那么,应该说,在相当意义上,美国电影的繁荣是美国价值观念的胜利。清教主义、个人主义和自由主义是美国的核心价值观。美国清教主义从一开始就是一种精神运动,它不仅仅是一种宗教信仰,它更是一种民主与共和的理念。个人主义是美国身份认同的主要特征之一。美国人信仰个人的尊严、个人的神圣性。正如法国著名学者、美国学奠基人之一,阿历克塞·托克维尔(Alexis de Tocqueville)所言,个人主义是一个新的表述,它产生于一个新思想,完全不同于利己主义。个人主义是美国文化的一个主要信条,追求自由的个人主义在美国被赋予了神圣的意义。在美国社会的价值体系中,自由主义也绝非简单意义上的个人自由,自由主义是一种代表个人主义的政治语言,是美国政治思想和文化的核心。依照自由主义的自然理论,进步与文明的源泉来自于个人的行动,个人发挥才能的空间越自由,社会作为一个整体就会更加迅速地发展。美国电影正是其价值体系的产物,相形之下,美国电影也必然通过电影主人公的表演,彰显这样的价值观念。在经过资本原始积累、资本主义社会的成熟阶段之后,在美国,清教主义的"苦行"伦理逐渐让位于现代文化的"享乐主义"。以侍奉上帝为天职(vocation)的芸芸众生也不免企盼在闲暇之时感受都市生活的情趣。人们在豪华舒适的影院中享受数小时的"人造梦幻"不仅成为一种时尚,更成为美国民众生活中不可或缺的精神食粮。

## 2. 美国的社会进程与电影的演进

美国社会在不同的历史时期有其时代特点,对于世界来说也意味着不同的概念。即便在 20 世纪之中,美国的政治、经济、科技和军事力量使其跃居为世界超级大国,它的国际形象也在"世界警察"、"金元帝国"、"西方盟主"、"世界领袖"等形象之间游离不定。这就意味着美国在国际事务中扮演着不同的角色、发挥着特有的作用。当然,这样的角色与作用在美国国内的社会演进中也会产生相应的影响、促成社会变革和诸多事件的产生。历史和世人都应该感恩于电影的记述和再现功能,使得后人永远不会忘记这一世纪的风风雨雨。

20世纪20-40年代是美国社会进程的特殊阶段,也是美国电影的勃兴时期。该时期的许多电影成就都镌刻在历史的记录之中。描写第一次世界大战的影片《翼》(*Wings*, 1927)代表了当时最高水平的战争片。当之无愧地摘取了当年奥斯卡桂冠。另一部优秀作品《西线无战事》(*All Quiet on the Western Front*, 1930),则是从另一个角度展现了战争的场面。影片《愤怒的葡萄》(*The Grapes of Wrath*, 1940)这部40年代最具代表性的现实主义影片,生动地描绘了美国1929-1933年经济大萧条期间农民的生活,其导演约翰·福特(John Ford)也因此成就荣膺当年奥斯卡最佳导演奖。

第二次世界大战给世界留下了太多的人文遗产和思辨论题。以二战为题材的美国电影委实不胜枚举。战争尽管是灾难,但作为电影题材却具有极大的再现价值。它的刺激性、发人深省的意义和引发轰动的潜能均使其成为众多大牌导演,特别是美国电影导演的首选。《卡萨布兰卡》(*Casablanca*, 1943)、《最长的一日》(*The Longest Day*, 1962)和《巴顿将军》(*Patton*, 1970)等影片都获得了巨大的成功。90年代拍摄的《辛德勒名单》(*Schindler's List*, 1993)、《拯救大兵瑞恩》(*Saving Private Ryan*)等大片都再现、还原了二战期间的许多史实,既震撼人心,同时也利用电影艺术的形式,进一步突出了美国在二战中的特殊作用、张扬了美国式的价值观。

尔后,50年代反映美国社会问题、种族问题的《码头风云》(The Waterfront,1954)、《猜猜谁来吃晚餐》(Guess Who's Coming to Dinner,1967),60年代的科幻电影和70年代的多部反对越战的电影,例如《猎鹿人》(The Deer Hunter,1978)等影片都带有明确的社会阶段特点和极大的时代色彩,这些电影主题深刻,频频引发美国社会的广泛关注、热烈讨论和深刻反思。美国电影与社会进程之互动关系显而易见、愈加深化。

## 二、美国电影与社会热点之互动

在近百年美国电影的发展过程中,从无到有,从简单到深刻,从一般性娱乐到理性的思辨,它伴随着美国社会的发展一路走来,给世人和历史都留下了宝贵的遗产。出于美国自身的社会制度、价值观念和电影运作机制,美国电影的商业性一直是电影业毫不忌讳的话题,电影业收益的最大化也是电影界不遗余力追求的目标之一。但是,不仅如此。纵观所有成功的美国电影作品,人们不难发现,它们都以其特定的主题和特有的表现形式,承载、表达着美国人的价值观念和社会的价值体系。一直以来,美国影片大都没有放弃其社会责任,而是凭借电影不可多得的娱乐性,极力寓教于乐,不失时机地彰显、输出美国的价值观念以及意识形态。这样的主旨性使得美国电影必然与其社会热点问题形成持续且积极的互动。

## 1. 与政治性热点之互动

在对于欧洲大陆（有学者曾经称之为"旧大陆"）的社会制度进行兼收并蓄的分析之后，美国的开国之父曾以极大的热情与决心，以高起点、高水平的方式在北美"新大陆"，将美国建设成为让世界瞩目、颇具示范、效仿意义的"丘阜之城"（the City upon the Hill）。美国开国元勋在相当大的程度上实现了他们的愿望，的确在很多方面为世人和后人留下了不可多得的人文遗产。美国于1787年草拟、1789年宣布生效的宪法除附加若干修正案之外，其最初的条文沿用至今。这既反映了美国宪法的持久影响，又说明了美国宪法精神的生命力。它所确立的"三权分立"（Separation of Powers）的社会政治制度也确保了美国社会体制在相当程度上的良性运作。当然，这些根本性、制约型体制和方式并不能完全杜绝社会、政治问题的出现。在某种程度上，恰恰是这个被一些人认为完美的社会制度和意识形态，使得它的某几届政府或者执政党派屡屡做出不公正、不正确的决定。

越南战争就是美国政府在错误的时间、错误的地点、打的一场错误的战争。如果对于美国政府发动该战争的起源、动因搁置不谈的话，我们尚可充分论及越战的结果性，以及它在美国电影中的"介入"程度。特别是在20世纪七八十年代，越战成为了美国电影的极热门题材，引发了美国社会的广泛关注和深刻反思。仅仅就此一点，便可见越战给美国人的个人生活和精神世界所造成的深度创伤。

在这一时期，一系列震撼人心的越战片相继问世，例如：《猎鹿人》（The Deer Hunter, 1978）、《生于七月四日》（Born on the

Fourth of July)、《全金属外壳》(Full Metal Jacket, 1987)、《早安,越南》(Good Morning, Vietnam)、《野战排》(Platoon)和《现代启示录》(Apocalypse Now, 1979)等影片,它们均以独到的视角和细节,分别揭示了战争的残酷性与非人性,凸显了士兵们精神的孤独,以及战争带给美国年轻一代的颓废性格和心灵摧残。这些著名影片深刻地触及了美国社会政治的"软肋"、凝聚了美国人对于这场战争的痛苦反思,也使得它们在美国电影艺术殿堂中名留青史。仅仅在上述的几部影片中,就有《猎鹿人》获得了第51届奥斯卡最佳影片奖,《野战排》获得了第59届奥斯卡最佳影片奖。这些殊荣也屡屡成为美国电影与美国政治性热点产生互动的最佳注脚。

**2. 与社会性热点之互动**

美国作为一个移民国家,一直以来被称为"大熔炉"(melting pot)和"色拉碗"(salad bowl)。这些称呼一方面反映出美国社会的多民族性和多元文化性,另一方面也暗示了种族矛盾、性别歧视等问题的潜在性和复杂性。电影作为源于生活、高于生活的艺术形式自然难以脱离社会热点问题;反之,电影也只有通过其高超的技术手段、深入生活的题材和直击社会热点的方式,才可引发观众的共鸣、形成互动、引发轰动。美国电影在此方面委实率先垂范,在获得巨大经济效益的同时,也获得了出色的社会效益。

美国自开国伊始就极力倡导平等。这当然包含种族平等和性别平等多种意义上的平等。然而,在任何社会中,平等在社会现实中更多只是追求,而不是结果。在美国,这一点也没有例外。美国的男女不平等由来已久,女性地位的低下曾经让人无法真正诠释美国的平等观念。列举一个典型事例,即可说明问题:即便在美国这样一个表面上视平等为生命的国家里,只是到了1920年11月,经过一系列的抗争,美国女性才赢得了选举权。随后的女权运动一直与美国社会的性别歧视进行着抗争。即便如此,在美国的家庭中,男女不平等的现象、针对女性的家庭暴力仍屡有发生。因此,多部美国电影也依据不同的素材,不断地揭露类似的问题。其中,1991年出品的电影《末路狂花》(Thelma and Louise)就是表现、深化女权运动和思想的最为典型的影片之一。

《末路狂花》由美国米高梅和百代娱乐公司于1991年联合出品。编剧为女性,导演为男性。20世纪90年代,女权主义思潮更加深入美国社会,在好莱坞"新人"里德利·斯科特的摄影机前,这两位逃出樊笼、一路拼杀的"女英雄"——塞尔玛和路易丝面对悬崖,不顾那名有"恻隐之心"的警察的焦急呼喊,终于开足汽车马力,手牵手地冲向生命的绝境。她们腾空飞跃的汽车宛如绿色仙鸟在西部荒凉原野的上空画出一道美丽的弧线,随后被导演永久地定格在空中。这一刹那铸造的永恒无疑使得该片进入当代最杰出的女性电影之列。由于剧情独特、演技精湛、发人深省,该片当之无愧地荣膺1991年度第64届奥斯卡金像奖最佳原创剧本奖。

这部典型、知名的"反男人"的女权主义电影曾经被一些男人视为洪水猛兽,自然也被独立的新女性认作经典。其编剧是女性、导演是男性的事实更为该片增加了耐人寻味的看点。影片中两位十分要好的主人公是极为普通的美国妇女。片中的塞尔玛是已婚、30岁出头的家庭主妇,路易丝是年轻的餐厅女侍应。由于两人厌倦了平凡、侍奉人(男人、他人)的生活,决定一起上路旅行、度一短假。在路上因为反抗一个男人的强暴,她们开枪杀了人,继而经历的男人的虚伪和欺骗使得她们对于男权社会彻底绝望。她们开始了报复行为和逃亡之路,也变成了强悍的男人杀手。警察的追捕和男人的种种欺骗最终使得她们毅然决然、如释重负地走上了不归之路。

本片最初所表述的情节是美国乃至西方社会都司空见惯的现象——外出暂时度假。但是,其主人公要一时逃离家庭琐事困扰和男权社会控制的心态使得度假的性质从一开始就发生了根本性的改变,从而顺理成章地出现了随后的"贴面热舞"、"反抗式枪杀"、"抢劫小超市"和"自杀式溃逃"等一系列不可收拾的暴力、偏激的行为与结果。该片以较为特殊的场景和事件,淋漓尽致地描述了主角女性意识的萌生和觉醒过程,也生动地刻画了女权主义的反抗过程。剧情虽然略显特殊或者个案的性质,但是,片中主人公的生活经历和心理告白毕竟在相当程度上折射、衬托出美国普通女性的社会生活,以及女权思想深入人心(至少是女性之心)的结果。该片的巨大成功,更加全面地诠释了美国电影与社会热点问题的积极互动。长期以来,也恰恰是这样的互动,才赋予了电影如此巨大的生命力。

从电影的艺术和效果而言,美国映象也可被解释为放映出的美国形象。诚然,这些映象不仅仅是镜头投射出的照片和形象,它们更多的是社会现象的深度阐释和理性折射。美国作为有着多种特殊性的国家,它的政治体制、社会伦理和价值观念等方面更加促成了美国社会文化现象的多样性。而美国电影正是植根于这样的沃土,在与社会不断的相互作用之中铸造了辉煌。

**参考文献:**

[1] Bradbury, M., Temperley, H. *Introduction to American Studies* [M].

London: Longman, 1989.

[2] Cameron, F. *US Foreign Policy after the Cold War* [M]. New York: Taylor & Francis group, 2002.

[3] Dalder, I., Lindsay, J. *American Unbound* [M]. Washington D. C.: The Brookings Institution, 2003.

[4] George, D., Trimbur, J. *Reading Culture* [M]. New York: Longman, 2001.

[5] Jenkins, P. *A History of the United States* [M]. New York: St. Martin's Press, 1997.

[6] Unger, I. *These United States: The Questions of Our Past* [M]. New York: Prentice-Hall, Inc., 1999.

[7] 端木义万. 美国传媒文化 [M]. 北京:北京大学出版社,2003.

[8] 陶文钊. 中美关系史 1949—1972 [M]. 上海:上海人民出版社,2004.

[9] 万萍. 进口分账影片十年票房分析[J]. 北京电影学院学报,2005,(6):49-60.

[10] 王恩铭. 当代美国社会与文化 [M]. 上海:上海外语教育出版社,2001.

[11] 袁明. 美国文化与社会十五讲 [M]. 北京:北京大学出版社,2004.

# 浅析《撞车》背后的文化冲突[*]

## 梁虹　韩芬

**摘要：** 电影《撞车》由一场发生在美国的交通事故延伸到了对现代人生存状态的探讨。本文试图分析"撞车"冲突背后所隐藏的深层原因，即文化价值观的矛盾和人性共有的弱点。同时，对影片编导所探求的解决冲突的方式进行解读并提出其局限性。

**关键词：** 碰撞；人性弱点；文化价值观；救赎

**Abstract:** The movie *Crash* presents the readers people's living state in the modern world via a traffic accident in America. And the paper tries to find out the hidden roots behind theses crashes, which are contradictions among cultural values and human's common weakness. Meanwhile, the paper makes interpretations on the director's suggested ways to solve these conflicts and proposes its limitations as well.

**Keywords:** crash; human weakness; cultural values; redemption

## 一、引言

第 78 届奥斯卡最佳影片评选中，由保罗·哈吉斯执导的《撞

---

[*] 20 世纪的美国诗人 e. e. cummings 对美国大"I"文化的弊端进行了无情地针砭。在他的笔下，人名从来不用大写。提到自己，他用小写的"i"来代替大写的"I"，以此来表示自己对美国个人主义文化的反抗。

车》(Crash)成功问鼎最佳影片奖。影片由一场司空见惯的交通事故引出了人与人之间错综复杂的矛盾纠葛和冲突。故事情节环环相扣,张弛有度,人物线索并立,却有条不紊,情绪舒缓又有力的推进。没有华丽的视觉轰炸,没有花哨的时尚装饰,朴素真实,却引发了人们对现代社会生存状态的深刻思考。影片发展限定在短短三十六小时内,却丝毫不让人觉得有促迫急就之嫌。因而这不仅仅是一个矢量的时间概念,而是延伸到了都市人的生活过程,延伸到了现代人的生存状态。

## 二、撞车——文化、人性的碰撞

《撞车》并不是一部轻松的人物纪实片,片中吝啬的温情始终难掩其灰黑沉闷的色调。车水马龙、灯红酒绿的喧嚣都市剪影下人流摩肩接踵,相互碰撞着。而一场意外的车祸打破了这种暗流涌动的平静,这"撞车"又绝非普通的车祸。剧情引导人们关注洛杉矶非白人群体的遭遇,这里有白人、黑人、黄种人;也有北美人、南美人、中东人、东亚人等等,涉及各个阶层,位高权重的检察官,老实本分的穷锁匠,治安巡逻的警察,混迹于街头的混混,委曲求全的黑人导演,苦心经营的店铺老板……一次次的"冲撞"中,美国社会中不同种族、文化、语言等引发的隔阂和冲突展现的淋漓尽致。显然,影片中冲突的焦点,从表面看,或许是种族矛盾,如检察官妻子简对锁匠的猜忌,瑞恩对黑人导演的羞辱,以及出于对白人社会的不满与报复,两个黑人小伙沦为窃贼等等。然而,同样是劫持了黑人导演车的黑人小伙,后来却放走了一车偷渡来洛杉矶的黄种人。同样是白人警察,瑞恩和汉森的行为和观念却大相径庭。

因此,从某种角度来看,它更从深层意义上彰显了一种文化价值。

影片中纵横交错的人物命运的碰撞表现出多元文化并存时代下人与人之间的矛盾。在美国这样一个移民国家,多元文化的混合既是一个鲜明的特性同时也凸显了其矛盾性。不同民族、不同种族、不同地域、不同文化的人们交织在一起,摩擦碰撞也随之产生。"9·11"以来,这些矛盾日益明显,诸如白色人种对中东人的敌视、有色人种之间的互相憎恨、白人对黑人匪徒的恐惧、黑人对白人警察的恐惧等等。如果说各种冲突的中心是文化的话,那么作为文化核心的价值观的作用不容忽视。当下,"全球化以一种非常深刻的方式重构我们的生活方式。"包括政治、经济、宗教等各方面,冲突的背后其实都是价值观的差异。锁匠善意劝说阿拉伯店主更换店门,出自为店家的安全考虑;瑞恩对黑人女职员的不满,是因为目睹了父亲的不幸;而导演卡梅隆对瑞恩的无理行为保持沉默,也是出于自身安全而息事宁人。这些相互碰撞的人,似乎都有其"正当"的理由,然而这些理由不过是不同价值观外在表现的注脚。相互间的猜疑、偏见和误会,使"撞车"事件在生活中愈演愈烈,而这也揭示了现代人所陷的价值困境。在这种隔膜状态下发生偶尔碰撞时,一个人的行为方式或是思想观念,都有可能影响他人的命运。无论怎样,人们每一次冲动和过激行为都会产生一定的破坏性甚至是毁灭性,而受害者或是施暴者都有可能成为行动的牺牲品。这一切都源自不同文化价值观差异导致的冲突。

同时,影片也启迪着人们对全球化语境下人性问题的深入思考。"这是一种触感。……在洛杉矶,没有人会撞到你,因为大家都躲在钢铁和玻璃制造的汽车里。我们失去了那种正常的摩擦,当我们冲撞时,就会是撞车,那时我们才有所感悟。"影片开篇的这段话，向观众提出了一个更为深刻的话题，我们需要反思我们在现实生活中应该怎样做。反观影片里恣意妄为的白人，忍气吞声的黑人，生存状态糟糕的亚裔，丑恶的权钱交易，缺乏安全感的生活，随时拔枪相向的所谓自我保护……片中几乎看不到人物开心的笑脸，所有的人都在经受痛苦。生活在这个城市的人们就像置身于小汽车里一般，空间狭小、沉闷窒息。不论是何种肤色、何种民族、何样地位，不论是来自于何方，无一不陷入封闭、充满隔阂的无奈境遇和渴望了解、渴望交流的心理状态以及由此而产生的种种尴尬和险境。似乎每个人都有着自己的不快和愤怨，似乎在伤害别人的同时自己也在受伤害，而且每个人身上又经历着受害者与施暴者等不同角色以及善良与邪恶的人性表现的频繁转换。正如保罗·哈吉斯在一次访谈中澄清说，我想说的其实并不是种族歧视，而是人的心理问题。譬如片中阿拉伯店主和检察官妻子对黑人锁匠的误会，猜疑甚至敌视，都是信任危机的体现，而这也正戳到了现代人的痛处。所以"冲撞"的罪魁祸首是自私、善变、狭隘的人性软肋，其次才是影片表面呈现出来的种族差异。

## 三、救赎之路

导演哈吉斯在接受采访时表示，希望观众在观看《撞车》时能够正视自己的生活。但观众在走出影院后，是否能够如导演所期望的，能够真正正视自己的生活，并找到解决问题的途径呢？事实上，影片本身并没有给出明确的答案，而是以探讨的口吻提出了一些解决问题的可能方向。比如加强"沟通"，从片中可以看出，许多矛盾的产生都是因为缺乏沟通，就像片中黑人探长与母亲的隔阂，检察官妻子简对佣人的偏见等。隔阂和孤独已经成为现代人的通病,正如齐格蒙·鲍曼在谈及后现代的道德时所说,今天的人们"生活在碎片之中"。此外,还有"宗教",影片中有两次在事故现场出现了基督教的图画和雕塑;还有"爱",哈吉斯说:"我希望观众们在看完这部电影之后并不只是认识到我所指出的这些问题,更重要的是能够推动民众去分享相互的爱心。"下面将重点分析影片所展现的"宗教"与"爱"的救赎之路。

**1. 宗教的救赎**

影片中安排了多个救人的场面,如两小混混把被撞的中国人送到急救中心,汽车疾驶而去,镜头指向旁边的圣像。杂货店老板去找修锁匠进行报复时,窗边也出现了圣像——显然此时正值圣诞节前后。黑人导演与两个小混混大打出手后逃离现场,在警车的追逐下驶到一个死胡同,对面的墙上是一幅基督降生的朝圣图,仿佛预示着在这里要上演一幕关于善和救赎的故事,警察汤姆正是在这里拯救了一场危机。除了显而易见的圣像外,火的意象也在片中多次出现。基督教文化背景下,火常被视作神圣之物。据《圣经》记载上帝常在火中显现,并且被火和火的小天使团团环绕,直到降临节才熄灭。另外,基督教一些重要的节日也都和火有关,比如四斋节、仲夏节、万圣节、复活节等。同时火的意象十分丰富,象征着神圣、光明、温暖。因此火是上帝净化人类心灵的手段。片中最为震撼的救人场面出现在导演妻子的车祸现场,从导演妻子最开始对警察瑞恩的拒斥,到信任,最终以警察冒死再次爬进汽车将其拖出结束。接着,汽车爆炸后,烈焰几乎充斥了整个画面,像是胜利的欢呼,象征着救赎与重生。这的确是一次成功的拯救,它拯救了导演妻子的性命,挽救了导演夫妇的婚姻危机,化解了两个不同种族的信任危机,同时更救赎了警察瑞恩,一个曾经的种族主义者迷航的灵魂。然而,火的意象又象征着灾难和毁灭,是上帝惩罚人类的重要手段。上帝发怒时常燃起大火,以此惩戒邪恶。影片结尾时,黑人小伙彼得手握圣像被误杀后,同样是烈火焚烧汽车的场景,年轻的白人警察汤姆从此踏上了心灵的煎熬之路,这似乎又在暗示着宗教不是万能的。

**2. 爱的感化**

在编导哈吉斯看来,人与人之间的冲突多因偏见而起,俱伤而终。只要彼此多一份宽容,理解,多一份爱,就有可能消除误会,化解冲撞。爱的乌托邦似乎成了消融冲撞的良方。片中的小女孩中枪的一幕诠释着爱的降临。为了安慰惊恐的女儿,锁匠杜撰了仙女防弹衣的故事。天真的孩子却信以为真。因此当阿拉伯人黑洞洞的枪口对准走进家门的锁匠时,小女孩冲出门挡住飞来子弹的刹那,画面静止,悲怆无声,所有人都为即将发生的不幸揪心难过。然而小女孩最终安然无恙,因为枪里的子弹是空弹头。小女孩对父亲的爱阻止了悲剧和犯罪的发生,成了美好人性的象征。正如事后的阿拉伯店主懊悔地说道:"那小女孩真是我的天使。"小女孩的爱使得阿拉伯店主迷途知返,同时也化解了阿拉伯店主对其父亲的仇恨。与此同时,小"i"文化的倡导也为导演探寻爱的感化提供了依据。小"i"文化的核心就是爱,包括爱自己和爱他人。"人是自我和非自我概念的结合,爱是人心中永远无法泯灭的天性。"大"I"文化强调个人的一切行为,忽视了友爱、平和和宽容的心态,因而造成了人与人之间的隔膜。起初简太过自我而伤害了无辜的女佣。后来简从楼梯上摔伤被女佣送进医院并对她悉心照料,让简改变了对女佣的态度,最终卸下了偏见的面具,对女佣说出"你是我唯一的朋友"这样温暖的话。然而微弱的爱的火苗很难在占绝对优势地位的大"I"文化氛围里有燎原之势,也无法改变这种文化。所以影片结尾,撞车事件还是在不停地上演。

这种冲撞似乎是在暗示冲突就像汽车追尾一样司空见惯。普遍即合理?或许正是这样的事实才掩盖了人们对冲撞背后的制度操作而非文化原因的长久忽视吧。如片中提到的民族政策。政府一刀切的少数民族扶持政策,没有顾及这位病痛中的老人曾经雇佣了 23 个黑人并且同工同酬的作为,瑞恩父亲的生意被硬生生分给了很可能远没他称职的少数民族。同样,片中的洛杉矶公检法部门无疑是腐败的:警署高级警官私受贿赂、欺上瞒下;地区检察官为拉选票作秀、颠倒黑白;黑人侦探在职位的诱惑和上司的压力下,无视职业道德、对公众撒谎……现实生活中,人们渴望摆脱歧视,渴望沟通,但种种丑陋的或是不成文的体制以及固有的偏见却强化和堆积了来自不同文化背景的人们之间的相互歧视。而影片在探寻造成冲突的原因及解决途径时,并没有表现出要变革某些不合理、不公平的制度条例的意愿,而是试图在认可当下体制的前提下依靠个体道德的觉醒进行调节。但这种只依靠个人道德觉悟的调节方式是否真的行得通呢?是不是每个人都能知错就改呢?在不公平的制度下不同种族如何实现平等?显然,解决冲突与矛盾的道路还很长,重要的是,沟通者的话语权必须是平等的,不偏向任何一方。

## 四、结语

全片试图展现的似乎都是"美好的"亲密接触,因此我们不能片面认为影片所探讨的仅局限于种族歧视问题,或是好人与坏人,强者与弱者的问题,更重要的是对人性弱点的探讨。影片借助于种族矛盾,从而深入到对现代人生存状况的探究。它表明,在现代社会,无论地位的高低,无论肤色的深浅,无论地域的远近,重重矛盾和不断冲撞总会存在于人们生活的每一个角落。人性的善良与人性的弱点也许只是一念之差、一步之遥,维护个体生命的尊严,永远是人类共同的追求……在地球村步入全球化而引起不同文化相互碰撞的今天,我们所能做的,"不是消除不同的价值观,而是提倡更好地理解、更好地尊重别的文化。"如果把一种价值体系套用在不同的情境中,不仅无益于问题的解决,反而可能会招致意想不到的麻烦和灾难,人类应该有意识地为宽容、对话以及和平共处提供更大的空间。总之,"撞车"既是人的碰撞,也是文明的碰撞、文化的碰撞,同时也在撞击着时代,撞击着人性,撞击着你我的心灵。

**参考文献:**

[1] Elisabeth B. Booz. 现代美国文学简介[M]. 上海:上海外语教育出版社,1987.
[2] 安东尼·吉登斯. 失控的世界[M]. 南昌:江西人民出版社,2001.
[3] 陈亚明. 电影《撞车》的后殖民阅读[J]. 电影文学. 2008,(20):14-15.
[4] 亨廷顿. 文明的冲突与世界秩序的重建[M]. 周琪,刘绯,张立平,王圆泽

译,新华出版社,1999年1月第二版.
[5]刘继纯.一曲种族主义的影像挽歌[J].电影画刊.2006,(4):60-61.
[6]汪怡涵.被温情所遮蔽的-影片《撞车》情绪地图解析[J].电影评介. 2009,(22):33-34.
[7]卫华.汽车影像中的种族冲突和都市生存[J].世界电影.2006,(6):179-182.
[8]许小君."文明冲突"面具下的终极对话[J].电影文学.2009,(1):48-49.

# 从大众传播视角看电影对美国文本文学的影响

陈 晓

**摘要:**美国电影和文本文学在世界文化传播领域都占有重要地位。本文通过对电子媒体和文本文学部分本质特征的分析,试图从传播学的视角阐释电影这一大众传播媒介对美国文本文学的影响、挑战和促进。

**关键词:**大众媒介;电影;美国文本文学;电子媒介

**Abstract:** Based on the analyses of characteristics of the electronic and printing media that movie and text literature belong to respectively, this paper mainly studies the impact, challenges and chances the American movie has brought to the American literature from a perspective of mass media and mass communication.

**Keywords:** mass media; movie; American text literature; electronic media

电影是一种大众传播媒介。这种媒介的诞生无疑是人类传播史上的一次革命,它在历史发展的进程中深刻地影响着人类生活的各个方面。加拿大著名的传播学者马歇尔·麦克卢汉曾经指出:"一切传播媒介都在彻底地改造我们,他们对私人生活,政治、经济、美学、心理、道德、伦理和社会各方面的影响是如此普遍深入,以致我们的一切都与之接触,受其影响,为其改变。媒介即信息。"(转引自李彬,1993:161-162)

电影诞生于19世纪末的美国。1893年,T.A.爱迪生发明电影视镜并创建"囚车"摄影场,被视为美国电影史的开端。1896年,维太放映机的推出开始了美国电影的群众性放映。19世纪末20世纪初,美国的城市工业发展和中下层居民迅速增多,电影成为适应城市平民需要的一种大众娱乐方式。电影的高收益和激烈竞争极大地刺激了这一媒体的迅速发展,好莱坞成了世界电影业的中心和代名词。电影起源于美国,盛行于美国,并从美国走向世界。美国电影引领世界电影的潮流,占据着世界电影工业霸主的地位,这一切都与美国的文学文化有着直接关系。美国电影深植于美国文学的肥沃土壤并从中吸取营养,茁壮成长,同时它也刺激、挑战美国文学的生存和作用,影响美国文学的诸多观念和相关模式,文本形式以及写作技巧等。

## 一、电影对传统文本文学解读模式的影响

人们无论是观看电影或是阅读小说等文学作品,都是在从事一种解读活动。但是由于电影和文本文学作品的传播方式不同,就决定了人们解读方式的明显不同。

首先,对文本文学作品和电影作品的解读都是一个内化解读的过程,也就是受众与传播符号进行直接互动的过程。

总体来说,大众媒介经历了口语传播、印刷媒介、电子媒介和

数字网络媒介这几个主要的发展阶段。电影是电子媒介的一种形式。在电影诞生之前,美国文学的盛行,得益于印刷媒体的产生与发展。文学以文字为传播符号,这就意味着文学作者要以文字符号进行编码,而读者要对文字符号进行解码。文字符号相对的哲理性赋予了文学相应较为深刻的内涵,文字符号相对的抽象性赋予了文学相应较为广阔的想象空间。在解读过程中,读者凭借自身所具备的认知能力和知识水平进行再创造,有一定的自由想象和发挥的能动性。然而,电影是一种电子媒介,它是利用声像符号进行编码的,而声像符号的特点与文字符号的特点有着本质的区别。"声音和图像的结合,意味着电影使用现实表现现实,采用的是自然符号,是有表现性的直接意指性记号组成,而文学则是用具有抽象代码性质的人工符号组成,是一种非表现性的见解意指性符号。传播符号的变化使得电影以图像和声音的直观性与具象性代替了文字的抽象性,成为视觉、听觉等多种感官相结合的综合艺术,达到了文学无法企及的真实性。"(李晓灵,2008:82)但是,正是由于电影的真实性和过度的具象性,使得电影受众在解读过程中的自主想象和创造力被剥夺了,与文本文学作品解读相比,受众的审美体验和审美欣赏水平也大大降低了。同时,电影以感官直接刺激的强烈的声像符号取代了抽象丰富的文字符号,使得电影解读相应简单容易,对受众的认知能力、文化水平要求也降低了,因此,"纸质文学传播按照受众接受能力建构的金字塔式的等级群体被彻底摧毁,被文学精英拒之门外的普通大众蜂拥而入,文化由权力的垄断走向权力的开放,这直接导致了大众文化的全面兴盛和精英文化的逐渐衰落。"(李晓灵,2008:82)

其次,由于电影的问世,受众对文学作品解读的外在模式也发生了变化。传统的文本文学解读是读者与作者之间的互动,是一对一的关系,具有直接性。通常的解读模式是读者单独、直接接收作者传递的信息。而电影作品的解读,特别是由文学作品改编的电影作品的解读却不然。电影是一种电子媒介,它的声像传播符号赋予它再创造的特点,因此,对它的解读就形成了"一种新的文学关系,即'作家—传播者—受众'以及与之对应耦合的'文本生产—媒介传播—文本消费',这种结构功能关系的最大特点是引入了一个中介层即媒介。"(谢鼎新,2003:64)这一媒介不仅指声像符号,而且还包含了运用和操纵声像符号的媒体人,即编剧、导演和演员。这些媒体人按照自己的理解去诠释作品,受众解读的是中介的再创造。因此传统的个体化一对一的解读,由于电影的出现,变成群体的集体化解读,也就是说一群人在领会消化一小部分媒体人的解读,这就使从前的"一千个读者有一千个哈姆雷特,变成一个哈姆雷特就完全占据着千千万万个受众的想象空间。"(谢鼎新,2003:65)

## 二、电影对美国传统文学的文本形式和写作技巧的影响

电影与文本文学有着血脉相连不可分割的关系,大量的电影作品都是由文学作品改编而成的。电影和文学在叙事方式、时空表现力等方面都有很多相似之处。但是,按照艺术形象的媒介方式来分类,文本文学属于语言艺术,电影则属于造型艺术。二者基本的叙述元素是不同的,文学以语言(词汇)作为基本单位而电影

则依靠镜头来叙事抒情。

电影有着十分丰富的镜头语言:长焦、短焦、特写,推拉摇移以及各种蒙太奇给视觉以极大的冲击,同时又为受众的解读创造想象的空间。纵观20世纪以来的美国文学,不难看出,这些镜头语言以及其他一些电影的叙事方式和元素对传统文学的写作技巧或手法有深刻的影响,并体现在一些作家的作品之中。

以《愤怒的葡萄》为例,斯坦贝克大量使用的主要是蒙太奇的常规形式,尤其是连续蒙太奇、隐喻蒙太奇和音画蒙太奇等。展示约德一家的西行历程,主要是用连续蒙太奇的形式进行的。所谓连续蒙太奇,就是沿着一条单一的情节线索,按照事件的逻辑顺序,有节奏地连续叙述,表现出其中的戏剧跌宕。这也是这部名著极具电影化想象并易于被改编成电影的显在特征之一。第5章,通过田地业主和银行代理人与佃农的对话、拖拉机开进田野驱赶佃农的场面以及拖拉机驾驶员和佃农的对话等音画蒙太奇场面,戏剧性地展示了佃农的田地是怎样被土地所有者或者说被拖拉机和银行这两个无生命的怪物收回的。这里,蒙太奇的电影文法,使斯坦贝克可以在有限的篇幅里表现卷入冲突的不同阶层的人物群体,以便使读者看到类似电影假定性中的俄克拉荷马人的全景。当然,斯坦贝克在这里还运用了对比蒙太奇的手法。即一方面是佃农的仁慈以及他们对土地的眷恋;另一方面是银行家的冷漠以及拖拉机(包括驾驶它们的那些戴着手套、护目镜和防沙面具的司机们)的冷酷无情。(田俊武,李群英,2006:81)

此外,从美国文学的后现代的派的作品中也可以捕捉到电影的影子。"后现代主义"总体来说,是指六、七十年代盛行于美国的一种文艺思潮。从创作手法和方式上来看其主要特点是："运用碎片式、断裂式、多层结构、意识流、内心独白、自由联想、蒙太奇等表现手法来表示破碎,混乱,空虚的现实世界。"(刘辉,单雪梅,2003:48)从中我们可以清晰地看到电影镜头语言的痕迹。

电影传播方式的影响也波及传统文学的文本形式,这一点从后现代作家唐纳德·巴塞尔姆的短篇小说《玻璃山》中有所体现。

传统小说的文本形式通常是以形象生动的叙事语言连贯地讲述一个故事。而反观《玻璃山》,我们会发现,它是由100个独立的句子组成的,每句之前都有标号,且独立成行,互不连贯,与电影的跳跃式表达和蒙太奇有非常相像之处。这不能不说电影的表现方式在向文学领域越界和渗透。

## 三、电影对美国文学的挑战与促进

美国文学的历史不长,但它在人类传播史上的地位却无人能撼动。在电子媒体诞生之前,美国文本文学是美国精神和价值观的主要传播者,是美国文化的推行者。文学有意无意地承载着传播美国社会主流文化价值观的使命,同时,它还起到了议程设置、引导舆论、树立道德标准、培养习惯、规范行为等作用。它对美国社会文化的形成和发展起到了不可磨灭的作用。

美国文学又是电影工业的推动者,它为电影的成长提供了丰富的营养。特别是电影发展的初期,电影的生存有赖于对文学作品的改编。《乱世佳人》、《美国往事》、《法国中尉的女人》、《克莱默夫妇》、《沉默的羔羊》、《阿甘正传》,这些在世界影坛广为流传的影片背后,都有着或经典的文学原著。可以说,美国电影是在美国文学的甘泉的滋润下逐渐走向辉煌的。某种程度上说美国文本文学成就了好莱坞,成就了美国的电影工业,确立了美国电影媒介在世界传媒领域的地位。

电影工业的成长与成熟,势必构成了与传统的美国文学争夺市场和受众的局面。电影对文学的冲击是显而易见的。电子媒体的传播迅速,覆盖面广的特点,加之高浓缩性的内容和视听冲击力强的传播符号,迎合现代快节奏的美国社会生活需要,因此毋庸置疑地占得大部分的传媒市场份额,从而从美国文学的手中篡夺了传播美国文化的使命,登上了传播的霸主地位。此外,"电影巨大的商业利润使得靠有限的出版收入维持生命的文学黯然失色。"(李晓灵,2008:83)

"然而,对文学而言,电影的全面侵占并非意味着生命的终结,它在传统艺术和传播领域的霸主时代的终结,同时也将宣告一个新时代的开始。在这个时代里,文学将在电影的光华世界里涅槃重生。电影在实现了对纸质文学的强大殖民的同时,也给文学的艺术表现与传播疆域开拓了一个全新的生命通道。"(李晓灵,2008:83)

## 四、结语

作为电子媒介的电影与美国文本文学有着不解的渊源和千丝万缕的联系。它对美国文学的影响也是广泛而深远的,远不局限于文学观念和相关模式以及写作技巧和文本形式等。关于这一方面的相关问题有待于进一步探讨和研究。同时,传统的美国文学虽然不会终结,但是否还会异军突起,以何种方式突出电子媒介和网络媒体的重重包围,再创辉煌也是值得业界人士深思的问题。

## 参考文献:

[1] 李彬.《传播学引论》[M]. 北京:新华出版社,1993.
[2] 李晓灵.图像时代的电影和文学[J].北京社会科学,2008,(2):81-85.
[3] 谢鼎新.大众传播媒介对当代文学的影响[J].现代传播,2003,(4):64-66.
[4] 田俊武,李群英.电影的越界和现当代美国文学[J].文艺理论与批评,2006,(6):79-82.
[5] 刘辉,单雪梅.从《玻璃山》管窥后现代主义文学的创作特点[J].广东外语外贸大学学报,2003,14(3):48-50.
[6] 梅尔文·L·德弗勒、埃弗雷特·E.丹尼斯著.大众传播通论[M].颜建军等译,北京:华夏出版社,1989.
[7] 尹鸿.镜像阅读—九十年代影视文化随想[M].深圳:海天出版社,1998.
[8] 爱德华 茂莱.电影化的想象—作家和电影[M].邵牧君译,北京:中国电影出版社,1989.
[9] 王岳川.后现代主义研究[M].北京:北京大学出版社,1992.
[10] 梁振华.文学与影视:双重视域中的纠结与互动[J].江淮论坛,2006,(4):183-187.

# 聚焦于文本还是读者?
## ——解读叙事学理论中的文本

## 武 桂 杰

**摘要**:像其他文学批评理论一样,叙事学也有其发生、发展的历程和与其他文学思潮相融合、碰撞的特征。本文通过追溯俄国形式主义文体学,阐释不同阶段经典叙事学的特征及代表人物对文本、读者和文学价值所持的鲜明观点,同时指出新叙事学的文本领域扩大了文学研究视野。

**关键词**:叙事学;文本;读者;文学批评;文化研究

**Abstract**: Narratology characterizes its origins, process of development and mingling with other critical literary theories, which are basical features of all theories. By introducing different stages and representatives in narratology, this thesis traces back Russian structuralism in order to illustrate their emphasis among text, reader and literary. Consequently, the new narratology improves its pedagogy and gets its horizon expanded with Cultural Studies perspectives.

**Keywords**: narratology; text; reader; literary criticism; Cultural Studies

20世纪以前,小说批评理论集中关注作品的思想内容、社会功能和社会道德意义,采用的往往是印象式、传记式、历史式的批评方法,把小说简单地看成观察生活的镜子或窗户,忽略了作品的形式与技巧。然而,20世纪后,阐释学被用来解释写作理论,小说的故事情节被认为是可以识别的整体,故事由事件组成,情节将事件串在一起。比如,现代小说理论的奠基人为法国作家福楼拜(Gustave Flaubert,1821—1880)和美国作家、评论家亨利·詹姆斯(Henry James,1843—1916),他们就把小说视为自律自足的艺术品,将注意力转向了小说的形式与技巧。福楼拜十分强调文体风格的重要性,而詹姆斯则特别着重叙事视角的作用。20世纪的小说文本还具有碎片式或拼贴式风格、开放性结尾、矛盾性、挑战性的没有情节的结尾等形式。这些小说叙事特征都把叙事的展开看成一个变化多端的修辞排列,其叙事技巧和读者反应也决定其文学价值。

英美新批评主要关注的是诗歌,在小说批评理论领域起的作用不大,直到20世纪60年代,随着结构主义叙事学和小说文体学的迅速发展,对小说结构规律、叙述机制和文体技巧的研究方在小说理论中占据了中心地位。叙事学的目的不在于诠释作品,而是找出叙事文学的普遍框架和特性。叙事学家注重理论模式的建立、叙事文体共有的构成成分、结构原则和运用规律,而忽视创作主体的作用。小说文体学家旨在探讨具体作品中语言特征的主题意义和美学价值,因而关注作者所做的特定的语言选择。语言成为人际交流的符号系统,一切交流都包含言说者、读者、文本、让文本流通的代码语言等。

俄国形式主义出现于1915—1930年间,1928年发表的俄国文学批评界最有影响的著作之一是普罗普(Vladimir Propp,1895—1970)写的《民间故事形态学》,由此开创了结构主义叙事学的先河。强调作品是一个独立于外界的、完整自足的体系，它不依靠别的因素而存在，它自身就是一个完整的统一体。普罗普把人物分成七类：侵犯者、赠与者或供给者、助手、被寻找者、委托者、主人公和假主人公。然而故事人物千变万化，人物功能较少。之后法国叙事学大师克罗德·布雷蒙（Claude Bremond，1929— ）对普罗普的观做出了批评性的思考，并对叙事文本提出了一个不断二分的逻辑结构：采取行动和不采取行动，而采取行动又分为完成和未完成。后来法国结构主义叙事学家格雷马斯（Algirdas-Julien Greimas）在他的《语义结构》一书中，将叙事作品中的人物功能抽象概括为六种行动者：主体/客体；发送者/接受者；帮助者/反对者。将艺术视为符号事实，艺术成为功能性结构，文学作品成为一种语言行动。

20世纪50年代后期至60年代，俄国形式主义在西方才产生了较大影响。俄国形式主义者什克罗夫斯基（Viktor Shklovsky）和艾亨鲍姆（B. Eichenbaum）率先提出了新的两分法：故事（素材）或故事（内容）与情节，即指对这些素材的艺术处理或形式上的加工。与传统相比，"故事"指按照实际时间、因果关系排列的事件；"情节"所指范围较广，特别指大的篇章结构上的叙述技巧，叙述者在时间上对故事事件的重新安排，如倒叙、从中间插叙等。

法国结构主义叙述家托多罗夫（Tzvetan Todorov）受什克罗夫斯基影响于1966年提出了"故事"与"话语"两个较为清晰的概念来区分叙事作品的素材与表达形式，这在叙事学界影响颇大。托多罗夫将薄伽丘的《十日谈》简化为对语法和词意的分析，他把人物当名词、人物特征当形容词、人物行为当动词。因此每个故事的内容被抽离，剩下的只是简单的语法结构，文学作品成为一个大而长的句子。1973年法国另一名叙事学家热奈特(Gerard Genette)提出三分法：1."故事(histoire)"，即被叙述的内容；2."叙事话语(recit)"或"叙述话语"，即用于叙述故事的口头或笔头的话语，也即文学中的文体；3."叙述行为(narration)"，即产生话语的行为或过程。在这三种模式中，热奈特反复强调了叙述行为的重要性和首要性，没有叙述行为就不会有话语，也不会有被叙述出来的虚构事件。热奈特在他的《叙事话语》中提出了聚焦(focalization)一词，其三分法是对三种聚焦模式的划分。1.零聚焦或无聚焦，即无固定视角的全知叙述，特点是叙述者说出来的比任何一个人物知道的都多，可用"叙述＞人物"这一公式表示；2.内聚焦，其特点为叙述者仅仅说出某人物所知道的情况，可细化为固定式内聚焦、转换式内聚焦和多重式内聚焦(即采用几个不同人物的眼光来描述同一事件)，可用"叙述＝人物"这一公式表示；3.外聚焦，叙述者所说的比人物所知道的少，可用"叙述＜人物"这一公式表示。在传统的全知叙述中，叙述者采用的是自己处于故事之外的、可随意变换的上帝般的叙事眼光。全知叙述者不是故事中的人物，无论他或她叙述的是人物内心的活动还是外在的语言行动，他或她的观察位置一般处于故事之外。上帝般的全知叙述没有固定的观察角度，在观察位置上有其独特之处，热奈特称之为"零聚焦"或"零视角"。在《叙事性的虚构作品》一书中，里门-凯南(Shlomith Rimmon-Kenan)又效法热奈特区分了"故事(story)"、"文本(text)"与"叙述行为(narration)"，她将"文本"定义为"用于叙述故事事件的口头或笔头的话语"。比如马塞尔·布鲁斯特在他的法国长篇小说《追忆似水年华》中，用时间倒错叙述，在叙述者的头脑中，感知一切地点和一切时间，叙述面广，充满了主人公人生经历中的"驻足凝望",没有概要叙事,没有描写停顿,叙事在虚构的层面上时间几乎是静止的,马塞尔·普鲁斯特既是作者,叙述者,又是主人公即行动者,好像在时间的这一寓言中,作者正在再现自己的从前,故事在失去的时间和寻回的时间中流动,让人听到了两个叙述声音:主人公的声音和叙述者的声音。但它是一部乔装打扮的自传,虚构的小说。叙述开始是在一个不确定的往昔,结尾也同样戛然而止,一切依然"在时间中"。

叙事者、作者与隐含的作者之间的关系为当代不同批评理论学派所强调,传统批评往往将全知叙述者与作者等同起来,而结构主义叙事学却倾向于排斥作者,将注意力从文学的外部转向文学的内部,注重科学性和系统性,特别强调叙事作品内部的结构规律和各种要素之间的相互关联。其中查特曼在他的《故事与话语》中用一叙事交流活动图形象地表达了各方面的联系——叙事文本、现实中的作者、隐含的作者、叙述者、受述者、隐含的读者及现实中的读者。与此相反,英美新批评极力反对从作者的身世、经历、意图入手来阐释作品,作者会因文本不同需要以不同的面目表达不同的观点;同时读者在不同的社会历史时期建构出的隐含作者很可能跟作者的原有意图偏离。

法国叙事学家布雷蒙认为:一部小说的内容可以通过舞台或银幕重现出来;电影的内容可用文学转述给未看到电影的人;不论是通过读到的文字、看到的影像或舞蹈动作,我们得到的是一个故事——而且可以是同样的故事。可见,"故事"与"话语"的区分适用于不同媒介的叙事作品。若同一故事可由不同的媒介表达出来则可证明故事具有相对独立性,它不随话语形式的变化而变化。正如 2004 年中国作家王海鸰的《中国式离婚》那样,无论是电视剧还是小说,阐释的都是一个主题:婚姻的三种背叛,即心的背叛、身的背叛、身心的背叛。里门-凯南在《叙事性的虚构作品》一书中,曾提出故事从三方面独立于话语。1.独立于作家的写作风格,如亨利·詹姆斯创作中大量地使用从句的风格,福克纳模仿南方方言和节奏的风格;2.独立于作者采用的语言种类;3.独立于不同的媒介或符号系统。

法国结构主义批评家巴特(Roland Barthes)在《叙事作品结构分析导论》中建议把叙事作品分为三个描述层:"功能层、行动层和叙述层"。功能层包括依据功能而定的种种叙述单位;行动层涉及依据人物的行动范围来对人物进行分类。这三层是按逐步结合的方式互相连接起来的:一种功能只有当它在一个行动者的全部行动中占有地位才具有意义,行动者的全部行动也由于被叙述并成为话语的一部分才获得最后的意义,而话语则具有自己的代码。

结构主义叙事学打破了文学的神秘性和纯主观主义的文学批评理论,致力于寻找文学、美学现象背后的规律,探讨读者、文本、功能和结构之间的关系,有利于深化文学批评理论,但过于强调文学的自主与自足,因此也导致其极大的局限性,致使文学与社会、历史、文化、作者、读者、语境的割裂。甚至会使一部意蕴丰富的文学作品抽象为枯燥无味的图式或公式。比如俄国形式主义诗学在分析诗歌时,刻意探讨诗歌语言与实用语言的不同。托马舍夫斯基曾提出:在实用语言中最为重要的是交流信息的功能,而在诗歌语言中这种交流功能退居二线,文学结构自身获得了独立的价值,美学功能占主导地位。结构主义叙事学的目的在于建立一种文学理论(叙事语法)而非阐释某一具体文体;它跟文学作品的关系类似于语言学跟语言的关系,研究的是顺序、时距和频率;而文体学家在对小说进行分析时,则是研究词汇特征、句法特征、句子间的衔接方式等,除了研究某一作家或创作流派的文笔风格外,一般旨在通过语言特征来更好地阐释其审美价值或主题意义。

于是,当20世纪70—80年代政治性极强的文化研究风靡西方学坛时,经典叙事学也从中心走到了边缘,发生"文化"转向后的新叙事学注意克服经典叙事学的局限,其批评视角和分析模式豁然开阔。一方面,新叙事学在分析文本时,注重读者和社会历史语境的作用;另一方面超越小说或文学疆界,注重跨学科视阈。这些特征在巴特后期转向后结构主义之时表现得尤为突出,巴特认为,叙事绝不仅仅囿于文学这么小的领域,似乎什么都可以用来叙事。比如叙事存在于神话传说里、童话史诗中、语言历史里、悲喜剧和哑剧里、各种绘画里,甚至彩绘玻璃上、日常会话里、社会新闻里、电影里和连环画里。甚至认为人类历史本身就是一种叙事。那么就把叙事推向极致,似乎叙事无处不在,存在于一切国家、社会、历史、文化和日常生活中。将文学叙事的视野拓展到社会叙事。与阐释学结合在一起的新叙事学还强调认知在叙事中发挥的意义,这样文本的意义走出文本内部的组织形态,侧重文本对现实世界的观照。媒体时代的新叙事学还关注电脑网络文化、计算机技术和电影声音所产生的意义,而女性主义叙事学的视角将性别介入叙事研究范畴。

其实,任何一种批评方法作为受特定阐释框架左右的特定阅读方式,均有其盲点和排斥面,同时又有其长处。比如,传统批评关注个人的道德意识,新批评注重文字的审美效果,精神分析注重无意识,女权主义批评注重性别之间的权力关系,新历史主义批评侧重于社会意识形态。作为文艺批评理论的新叙事学在作者(传统批评)—文本(新批评)—读者(读者反应批评)之间各有其侧重点,各批评方法也各抒己见,互为补充,由此推动文学思潮的更迭和发展。

## 参考文献:

[1] Rimmon-Kenan, Shlomith. *Narrative Fiction: Contemporary Poetics* [M]. London: Routledge, 2002.

[2] 保尔·利科. 虚构叙事中时间的塑形[M]. 王文融译,北京:生活·读书·新知三联书店,2003.

[3] 雷蒙·凯南. 叙事虚构作品:当代诗学[M]. 赖干坚译,厦门:厦门大学出版社,1991.

[4] 马塞尔·普鲁斯特. 追忆似水年华[M]. 李恒基等译,北京:译林出版社,1990.

[5] 申丹. 叙事学与小说文体学研究[M]. 北京:北京大学出版社,2001.

[6] 申丹. 文学文体学与小说翻译[M]. 北京:北京大学出版社,1995.

[7] 伊恩·乌斯比. 50部美国小说[M]. 王问生等译,上海:上海译文出版社,1980.

[8] 詹姆斯·费伦. 作为修辞的叙事:技巧、读者、伦理、意识形态[M]. 陈永国译,北京:北京大学出版社,2002.

# 从摇篮到坟墓

## ——美国社会保障制度历史探寻

### 张 胜 利

**摘要**:美国是当今世界的头号强国。然而,其社会保障制度的确立却晚于欧洲的福利国家。社会保障在相当一段时期内成为地方政府和民间组织的责任。罗斯福总统在其新政时期最终建立起美国社会保障体系。在经历了20世纪60年代的扩充和70与80年代的紧缩调整后,美国的社会保障制度在克林顿时期又经历了一次根本和彻底的改革,并得到延续。如今的美国保障制度已发展成为覆盖了国人从生到死的较为完善的体系。

**关键词**: 社会保障制度;福利国家;社会保障法

**Abstract**: Despite the fact that the United States is the only superpower in the world, it was born later as a welfare state than the countries in Europe. For a long time, it was the local governments and the private sector that were responsible for social welfare. During the Roosevelt administration, a relatively coherent social welfare system was established. Since then it has been expanded, amended and transformed, which contributes to a complex system that provides from-cradle-to-grave welfare services to the US population.

**Keywords**: social welfare system; welfare state; the Social Security Act

社会福利是任何公正社会都必须具备的社会基本结构之一。

尽管当今的美国在政治、经济、军事等方面都堪称世界头号强国,但其社会保障制度的确立却晚于欧洲的福利国家。罗斯福总统新政时期最终建立起美国社会保障制度,经过多次的发展、调整和改革,这一制度已日趋完善,成为保持社会正常运转和发展的安全阀。

## 一、美国早期社会福利救助状况

美国的社会福利或者社会救助始自于17世纪。由于当时的移民大多数来自英国,所以早期的美国福利制度深受英国《伊丽莎白济贫法》的影响,而且其所确立的原则一直沿用至今。

《伊丽莎白济贫法》于1601年通过。这部法案确立了救济原则,对老弱病残等无工作能力者(即"值得救济之贫民")给予救助;而对身体强健而不愿工作者和找不到工作者(即"不值得救济之贫民"),则通过鼓励和提供工作使其依靠个人努力摆脱贫困。同时,《伊丽莎白济贫法》授权地方和社区(教区)负责救济贫民,允许当地政府课征济贫税以救济贫民;家庭应承担应有的责任。受英国济贫法的影响,早期的美国也指定地方和社区负责救济贫民和贫困家庭,而且对贫民划分的社会理念一直延续至今。

美国的开国元勋们因担心联邦政府的权利膨胀,未将社会福利的功能列入宪法条文。他们认为州及各地方政府和民间慈善组织机构足以应付那些为数不多的贫民和贫困家庭。由于缺乏宪法对社会福利的明文规定,在社会福利的职责归属问题上,联邦政府以此为理由推脱其责任。

在对贫困的认识上,当时的主流观点将其产生的原因归咎于个人因素,即个人的懒惰、无知、奢侈、不负责任和不良的生活习惯导致贫困,却很少有人将贫困与社会体制和经济制度联系起来。因此,贫困被看做是一种道德缺陷,贫民则被看做是有道德缺陷的少数个体。鉴于此,贫困者应该从自身去寻找贫困的根源,应该通过个人的努力摆脱贫困。

基于这种观点以及《伊丽莎白济贫法》的影响和宪法的规定,20世纪30年代以前,美国多数的贫民、贫困家庭与孤儿主要依靠民间的慈善组织和教会的社会服务机构及地方政府进行救助。联邦政府在社会救助中承担的责任极少,所发挥的作用也是微乎其微。

同样是基于对贫困的这一认识,也由于移民的不断涌入,接受救助的人数不断增加,地方政府的福利支出上升,对贫民的救助方式也随之发生了重大变革。早期为贫民提供现金、食品、衣物等而无须进住在贫民院的院外救济在许多州被禁止,因为它是"所有对贫民的救助方式中最浪费、最昂贵、对其道德伦理和勤劳品质最具危害性的"(Axinn,2001:55)。纽约州率先实施了"救济院计划",将贫民分为长期性贫民(值得救助贫民及其子女)和临时性贫民(不值得救助贫民)送往救济院和教养所。对前者提供工作,并对其子女进行教育,在适当的年龄令其从事某一职业;对后者——即流浪汉和乞丐则施以短期教养或劳动改造,其最终目的是培养起他们的工作道德和对家庭的责任感,加强自我约束力。随后,这一做法被其他各州纷纷效仿。到内战开始前,院内救济已遍及美国各地,虽受到来自社会各方面的反对,但却作为主要的救助方式一直延续到19世纪末20世纪初的进步时代。

## 二、美国现代社会保障制度的确立

1929年至1933年,一场空前严重的经济危机席卷了整个资本主义世界,美国首先受到重创。1932年,美国的国民收入从1929年的874亿美元下降到417亿美元,降幅达43%,人均收入下降19%(Colby,1989:166),工业生产1932年比1929年下降46%,财政金融一片混乱,银行存款下降,货币供应量锐减,全国6000家银行倒闭,13万家工商业公司破产。1932年农业收入仅等于1929年的1/2,有近百万个小农场被迫拍卖,破产的农民大批流入城市。失业率大幅上升,19世纪20年代一直稳定在4%,1930年达到9%,1933年猛升至25%,这意味着有1300万人失业(Axinn,2001:169)。美国由此经历了有史以来涉及人口最多、影响范围最大的贫困袭击。

危机爆发后,时任美国总统的赫伯特·胡佛预言美国经济会很快恢复,并且仍然坚持"自由放任"的传统经济政策,等待经济形势的好转,而且依然认为救助贫民非联邦政府的职责,未采取有效的救助措施。于是,救助贫民的责任落在州政府和地方政府及民间福利机构。

随着危机的进一步加深,生活物资高度紧缺,贫困人口的数量急剧上升。地方政府及各种私人福利机构无论是从财力上还是物力上都已无法应对这些复杂问题,只有联邦政府调动各方面资源进行干预才有可能解决美国面临的这场空前危机。也正因为此,像一位评论家说的那样,"全国上下都把重任交给联邦政府。……实际上,今天的美国在请求来自联邦政府的命令。"(McCormick, 1964:5)这场前所未有的经济危机也促使绝大多数的美国人重新反思传统的贫困观点。在亲身经历了大萧条带给每个人的严重打击后,在大量有关失业状况的数据面前,也是在对贫困产生根源经过了客观分析之后,更多的人认识到社会体制的不合理是导致贫困的原因所在。因而政府有责任对贫民进行救助,而且对贫民的救助不仅仅限于那些"值得救助的贫民",还包括那些身体强健的"不值得救助的贫民"。同时,这种救助也不再仅仅是地方的责任。1931年,由全美聚居联合会失业委员会就当时美国失业状况进行的调查结果表明,失业是由社会因素而非个人因素所致,使联邦政府最终认同其在紧急状态下应承担的社会救助责任。凯恩斯主义的适时出台,则为联邦政府采取大规模的经济干预并进而扩展至社会救助领域提供了理论基础。

在这一背景下,1933年3月4日就任美国总统的罗斯福上任伊始,就通过了《紧急金融法》,对金融业进行整顿。随后又相继颁布《农业调整法》(通过缩小耕地面积,减少农业产量来提高农产品的价格,扩大出口)和旨在整顿工业的《全国工业复兴法》(第一部分的宗旨是订立可免受托拉斯法案限制的公平竞争规约;第二部分提出要成立"公共工程署"),并为此拨款33亿美元。

在大力整顿金融和工农业、恢复经济的同时,罗斯福采用国家干预手段,成立联邦紧急救济署,通过颁布法令和采取其他措施,展开大规模的社会公共救济。成立联邦紧急救济署旨在专门规划、筹集、经营与管理救济物资,合理划分联邦政府和各州之间的使用比例,以保证各种救济款物迅速拨往各州。在其运行的三年中,共计支出 30 多亿美元,用以帮助各州进行直接救济或以工代赈。

在所实施的法令中,最具深远意义的是罗斯福在 1935 年 8 月 14 日签署的社会保障法(The Social Security Act)。这项法案将妇女、儿童、老年退休者、鳏寡孤独者、残疾与失业人员补偿纳入社会保障体系中,形成不同类别的救助体系,其中还包括未成年儿童家庭救助。具体来说,它包括三个组成部分:1)养老金制度——即老年保险——是美国社会保障制度的核心;2)失业保险制度——即失业补偿;3)儿童、残疾人及无谋生能力者的救助——即老年救助、盲人救助、未成年儿童救助、母婴健康服务等。

在进行直接救济的同时,罗斯福还采取"以工代赈"的措施,通过大力启动公共建设项目,创造就业机会,增加就业人数。1933 年 3 月 31 日,国会通过了民间资源保护队的计划,由联邦政府拨款,招收 25 万 18—25 岁的男青年参加植树护林、防治水患、水土保持、道路建设、开辟森林防火线等公共建设项目。截止到 1942 年,共吸收了 275 万名失业青年就业,开辟了数万英亩的国有林区和公园。1933 年由国会拨款建造的田纳西河流域水利工程不仅解决了田纳西河的频繁水患,而且提供了众多的就业机会。1935 年成立的工程进展署,耗资约 105 亿美元,修建房屋、桥梁、医院、机场,铺设道路等公共工程,为 800 万人提供了工作机会(Axinn, 2001:186)。这些公共项目的实施,对缓解当时严峻的失业形势,稳定社会秩序发挥了重要的作用,同时也弘扬了自力更生的道德价值观。

罗斯福在"新政"时期制定和实施的社会保障法等许多有关社会福利和救济的法律法规,标志着美国社会保障和救济体系的初步建立,也表明弱势群体中的相当一部分人首次享有法定的经济保护。它们被后继者沿袭并进一步完善,成为美国社会保障体系的核心组成部分。正如罗斯福本人所说,"它是正在建成中的这一结构的基石,但这一结构远不够完善。"(Ford Foundation, 1989:1)

不仅如此,罗斯福总统对社会福利的政府干预,使联邦政府第一次全面参与到解决失业与贫困的问题中来,标志着关注和救助贫困者的责任由地方政府、民间组织转向了联邦政府,联邦政府在社会保障制度中开始发挥主要作用,并日益成为社会救助的主导因素。同时,贫困也不再仅仅是个人的问题,还是结构性和制度性的问题。

## 三、美国社会保障制度的发展

美国社会保障制度建立后,在历经几次重大的调整后日趋完善。第一次重大调整是在30年代末期。1939年的社会保障法修正案引入了"家庭保护"的概念,使美国社会安全保障的受益者由原先的个人扩展到其配偶、父母及未成年的子女,即遗族保险。

针对老年及遗族保险制度中所存在的覆盖人群不够广泛及过于严格的申领资格要求等问题。1950年和1954年对此进行了调整,使老年及遗族保险的受益人群扩大,原先被排除在外的自我雇佣者、农工、家政人员、非营利机构的雇员及部分政府部门的工作人员也开始享有这一保障。由此,受益人占所有受雇人员的比例由1949年的64.5%增至1955年的89.9%(Rimlinger, 1971:237)。1957年社会保障的覆盖人群又再次扩大到永久性完全致残者,即残疾保险。至此,老年遗族及残疾保险已逐步形成,并成为美国社会保障的重要组成部分。

20世纪60年代,美国经济快速发展,国民生产总值由1940年的1000亿美元增长至60年代末的9760亿美元(Economic Report of the President, 1974: 249-259);通货膨胀率为1.6%;失业率在60年代后半期降至3.8%(Axinn, 2001: 222);中等家庭收入持续上升。这使得大多数美国人认为他们自身所享有的社会保障可以提供给其他少数族裔。与此同时,民权运动的风起云涌使社会的关注更多地投向黑人及其他少数族裔。在这种背景下,美国的各项社会福利制度开始全面扩张。1964年,约翰逊总统发出"向贫困宣战",制订了"伟大社会"计划,并在同年签署了民权法案和《经济机会法》(内容包括为来自低收入和少数族裔家庭的青年和失业者提供职业培训,及在城市和农村贫困地区开展反贫困斗争,重振落后地区等)。此外,还通过了食物券计划。

卫生医疗一直是美国社会保障中颇有争议的一个方面,不仅受到来自以美国医学会为代表的医疗行业的强烈反对,也受到保险业的抵制。在历经多年的努力和约翰逊总统的大力支持下,国会最终在1965年通过了医疗保险法案。这项法案为几乎所有年满65岁及以上的人群提供了从住院、手术到医疗保健等较为全面的保障,它也成为约翰逊总统"伟大社会"的重要组成部分。不过,这一时期的政策和举措着力解决的已经不是绝对贫困人口的生存问题,而是相对贫困人口的就业、教育、医疗保健和发展等一系列问题。

## 四、美国社会保障制度的调整

从尼克松时期至老布什时期,美国的社会保障制度进入调整时期,具体表现为社会福利政策的紧缩。这一时期,受世界石油危机和国际金融市场的影响,美国经济增长减缓甚至出现滞涨,消费品价格上涨,通货膨胀率升高,失业率上升,贫富差距加大,许多大城市出现了无家可归者,而且在80年代其人数越来越多。与此同时,新右派保守主义认为社会福利制度是造成美国经济竞争力下降、家庭结构不稳定和社会道德败坏的原因之一,而对各项福利政策提出质疑。在这种情形下,尼克松政府提出了新联邦主义的主张,内容包括改革社会福利政策,变救济性福利为工作性福利;实施就业培训计划,为寻找新工作创造条件;改革医疗保险制度;改革政府管理社会保障的权限等。为解决贫困问题,尼克松提出"保障年度收入"方案,对年收入低于一般标准的个人和家庭给予补贴,但要求身体健康的申请人包括孩子年满3岁的母亲在内必须工作或参加职业培训。这一方案被国会否决。不过1972年国会通过了补充性安全所得,将过去由各州政府负责的老年救助、残障救助和盲人救助一并收归联邦政府统一拨款,统一管理。

　　里根上任后,采取以货币学派政策对付通货膨胀,以供给学派政策对付经济停滞的措施。在他提出的"经济复兴计划"中包括了减税、削减预算支出,撤销或放宽政府管理企业的有关法令规章,控制货币供应量等内容。在努力刺激经济增长的同时,里根削减了对社会福利经费的投入,一些社会福利项目也因此取消,许多约翰逊时期实行的就业培训计划被终止。尽管里根曾试图对实施多年的福利政策(也就是未成年儿童家庭救助AFDC)进行改革,希望能够加深市场机能与私有化,最终未能如愿。作为继任者的布什继续了里根的紧缩政策,拒绝增加社会福利的支出。像里根一样,布什依旧依赖于私人机构来解决所面临的社会问题。可以说,这一时期的社会保障政策没有新的进展,改革处于停滞状态。

进入90年代,在经历了1991年的经济衰退后,美国的经济呈现出强劲的发展势头。1992—1999年间,美国国内生产总值增长了25%。这主要是因为自80年代以来,美国和世界其他许多国家和地区一样,进入了信息经济时期。新技术革命使计算机和通讯技术广泛运用于生产领域,极大地提高了生产力和生产、管理的效率;同时也带动了第三产业中新兴行业的产生和发展。

伴随着经济的快速增长,美国的失业率总体而言处于较低的水平。1992年失业率为7.5%,到1996年已降至5.5%。在随后几年中,失业率继续下降,至90年代末,降至4%。然而,失业率的分布依旧不均。1990—1999年,白人的失业率从4.8%降至3.6%;黑人的失业率从11.4%降至8.3%,远远高出白人(Axinn,2001:305-309)。与此同时,就业市场出现了新的变化:越来越多的人从事非全职工作,临时工人数增加。

美国的家庭结构也发生了重大变化。尽管与以前相比,离婚率缓慢下降,但单身人数增加,婚龄推迟。非婚子女的出生率仍呈上升趋势。

在新形势下,克林顿总统于1996年8月22日签署了《个人责任与工作机会协调法案》。该法案废除了自1935年起施行长达61年的,被视为"福利"同义词的AFDC。取而代之的是贫困家庭临时救助(TANF)。此外,还修订了补充性安全所得、医疗补助、儿童营养计划、食物券等在内的多项福利措施。

这项法案建立起了新的保障制度。根据这一新制度,每人终身可以领取的联邦福利救济最长不得超过五年,而且在领取两年内必须参加工作;同时,这项法案对未婚母亲、毒犯和移民领取救济的资格审查更为严格；并终结了申领救济是基于公民资格而应享有的权利；确定年度达标数字，预防和降低非婚生育；大力提倡双亲家庭的组成，保持健康婚姻。可以看出，该法案以治贫为目标，实行工作福利，即帮助福利领取者通过工作实现自给自足，从而摆脱对社会救济的依赖，这与 AFDC 时代以助贫为目的的措施截然不同。在社会保障的资金和权限方面，联邦政府实行权力下放，以下拨固定数额的预算款的方式将经费交由各州自行使用，由各州根据实际情况制订不同的公共救助计划，这就使得州政府而不是联邦政府更多地参与到社会福利问题的决策中。正像克林顿本人所说的，这项法案"结束了我们所知道的福利"，使美国的社会救助制度经历了一次根本和彻底的改革。

这一法案实施后，福利受益个案数显著下降。据美国政府最近提供的统计数字，1996 年美国依赖社会保障制度生活的人口高达 1220 万人左右，2002 年已经大幅减少到 500 万人。六年中，脱离福利救济开始工作的人数增加了 3 倍。儿童贫困率显著下降，由 1993 年的 22.7％减少至 2000 年的 16.2％，是 1978 年以来的最低值（Nguyen, 2002：491）。少女怀孕和非婚生育也呈下降趋势。同时，各州用于现金救助的开支减少，包括托儿、职业培训和教育等非现金救助的资金投入增加。

布什入主白宫后，提出了《为自立而工作法案》，大力倡导工作和其他相关的举措，使贫困人口通过工作实现自给自足。为此，福利领受者每周工作时间必须达到 40 小时，其中 16 小时可用于接受职业培训和戒毒治疗等服务，未成年父母可通过良好的在校出勤率达到上述工作规定。各州福利领取者的工作参与率需由原来的 50％提高到 2007 年的 70％，对工作参与率未能达标的州实行更为严厉的处罚。大力提倡健康的婚姻和双亲家庭,加强父亲的责任感,严格履行抚养义务,以维护儿童的权益,减少非婚生育,预防少女怀孕。为此,联邦政府将提供资金上的帮助用于对健康婚姻家庭问题的研究和示范性项目的实施,继续提供儿童抚养方面的联邦拨款,并继续推行节欲性教育的计划,同时要求各州在制订计划时需将推动健康婚姻作为其中的重要组成部分。改革食物券政策,推动工作。对1996年后入境的合法移民继续实行五年内不得领取各项福利金的禁令,但允许他们在入境五年后领取食物券。进一步加强联邦与州之间在社会保障方面的伙伴关系,不仅对各州在资金上给予支持,而且在福利政策的制定方面予以更多的自主性和更大的灵活性。可以看出,布什的福利保障举措是建立在克林顿1996年福利改革的基础之上,除了个别的修改,并无重大的调整。

## 五、结语

综上所述不难看出,美国的社会保障制度的形成经历了较长一段历史时期。在其确立后,美国的社会保障体系在不同时期、不同政府任期内经历了一系列的变化:有扩大发展,也有调整紧缩,更有深刻的变革。所有这一切最终导致了这样一个不争的事实,那就是美国已构建起覆盖了国人从摇篮到坟墓的较为完善的社会保障制度。

**参考文献:**

[1] Anderson, L. P., P. A. Sundet & I. Harrington. *The Social Welfare*

*System in the United States: A Social Worker's Guide to Public Benefits Programs* [M]. Boston: Allyn and Bacon, 2000.

[2] Axinn, June & Mark J. Stern. *Social Welfare: A History of the American Response to Need*. 5th ed., [M]. Boston: Allyn and Bacon, 2001.

[3] Colby, Ira C.. *Social Welfare Policy: Perspectives, Patterns, and Insights* [M]. Chicago, the Dorsey Press, 1989.

[4] Economic Report of the President:1974, Together with the Annual Report of the Council of Economic Advisers [R], Washington D. C. : Government Printing Office, 1974.

[5] McCormick, Anne O'Hare, Vast tides that stir the capital [A]. In Frank Freidel (eds.). *The New Deal and the American People* [C]. Englewood Cliffs: Prentice Hall, 1964.

[6] Nguyen, Martha C.. Welfare Reauthorization: President Bush's Agenda [J]. *Georgetown Journal on Poverty Law and Policy*. 2002, 9 (2): 485—498.

[7] Rimlinger, Gaston V. *Welfare Policy and Industrialization in Europe, America, and Russia* [M]. New York:John Wiley & Sons Inc., 1971.

[8] *The Common Good: Social Welfare and the American Future* [M]. Ford Foundation on Social Welfare and the American Future. New York: Ford Foundation, 1989.

## 第四部分：翻译研究

第四部分：柯西问题

# 浅析口译记忆机制和记忆策略

## 吕 洁

**摘要：** 口译要求译员不仅能在短时间内接受大量信息，而且还应该动用自身的记忆资源来保留这些信息，为下一阶段的译语生成做准备。本文从交替口译过程模式出发，从口译记忆机制和记忆策略两个方面探讨了口译中的记忆环节，并提出如何提高记忆能力的相关建议。

**关键词：** 口译；记忆机制；记忆策略

**Abstract:** Interpreting requires that an interpreter receive a large amount of information within a short period of time, while retaining it with the help of his own memory resources. Starting from the process model of consecutive interpreting, this paper analyzes memory mechanism and memory strategies and raises suggestions on how to improve memory ability.

**Keywords:** interpreting; memory mechanism; memory strategies

口译是一个复杂的信息处理过程，是一种需要耗费大量信息加工精力的言语交际活动。在口译过程中，译员摄取和解析原语所表达的信息，在经过记忆和编码环节之后，将原语信息重新转译成目标语。这一认知处理过程要经过语言信息的接收，解码，记忆，编码和再表达等一系列阶段。蔡晓红提出的交替口译过程模式(蔡晓红,2002:26-29)包括以下四个过程。

A. 信息源的输入。

B. 处理环节:包括理解阶段的辨认有声输入、分析及综合机制、产出阶段的形式合成机制和发声机制。

C. 记忆环节主要由概念形成机制组成。

D. 储存环节主要指长期记忆,包括与输入、输出、内部监控相连接的心理词。

# 一、口译记忆机制

人类记忆是大脑对经历过的事物的反映,一般来说可从结构上分为三种:感觉记忆、短时记忆和长时记忆(车文博,1986:403)。

感觉贮存:感觉贮存保持的时间非常短暂而且是感觉道特异性的(即只局限于一种感觉道)。它具有一定的信息容量,但是保持的时间仅为约2秒钟。在口译中,这一功能负责信息的输入,包括声音贮存与图像贮存。译员通过收听原语发言以及观察现场情景(包括发言人的表情、手势、唇部运动、所使用的幻灯片),以获取声、图像的信息(吕洁,2008:132)。

短时记忆:"短时记忆是指信息保持在1分钟以内的记忆,它一般为5—20秒,最长也不过1分钟。"(杨治良,1999:184)信息容量大约为7±2个单位。短时记忆是属于中介性质的记忆,它所保持的是某些经过筛选的信息。储存在短时记忆的某些信息,可以转换成长时记忆进行长期保存。短时记忆相当于感觉贮存和长时记忆之间的缓冲器。来自于感觉贮存的信息在变成长时记忆之前要进入短时记忆暂时保存。所谓暂时保存即可以在短时记忆中保存15—30秒,如果不进行复述来巩固,该信息将在30秒至1分钟后被遗忘。此外,短时记忆还可以储存从长时记忆中提取的相关信息,将进入短时记忆的信息进行加工,就可以实现对原语的理解。

认知心理学中关于短时记忆的遗忘主要有"干扰理论"和"衰退理论"。"干扰理论认为遗忘的出现是因为新的信息干扰,并最终取代了短时记忆里的旧信息。"(Robert J. 2006:149)短时记忆存储量的有限性决定必然会有遗忘的出现。衰退理论认为"信息之所以被遗忘是因为记忆痕迹逐渐消失,而不是被其他取代"(Robert J. 2006:152)。要有效提高短时记忆的效率,则应从排除新旧信息之间的相互干扰,解决信息量过大、短时记忆时间过长等方面入手。

长时记忆:长时记忆是人脑储存信息的主要手段。信息保持时间短至1分钟,长达终生,信息容量也是无限制的,远远超过短时记忆。包括语音、词汇、句法、语义、语用等各个方面的语言知识,包括社会、文化、专业、个人经历等各方面的言外知识均可能以语义网络的方式存在于长时记忆中,也可能以知识图式,或其他目前未知的方式存在于长时记忆里。语言知识和言外知识都是以长时记忆的方式储存在大脑中(张发勇,2010:76-77)。

## 二、口译记忆策略

### 1. 选择进入短时记忆的信息

"人对感觉登记中短暂贮存的信息进行扫描,得到选择的那些信息经过识别而进入短时贮存。因此,人可以对进出短时贮存的信息施加某种有意识或无意识的控制。人可以从感觉登记中选择若干信息,使之进入短时贮存缓冲器,也可以将注意转向新的信息,停止对缓冲器中原有信息的复述而将它排除出缓冲器"。(孔菊芳,2006:123)由于短时记忆信息容量为 $7\pm2$ 个单位,而且只能保存较短时间,译员必须在有限时间内找到原语信息的要点,选择性的将有用信息存储在短时记忆内,以提高有效性。

**2. 组块加工记忆**

短时记忆信息量可以通过组块而得到扩充和提高,"组块实际上是一种信息的组织或再编码,人们利用贮存于长时记忆的知识对进入短时记忆的信息加以组织,构成熟悉的、有意义的较大的单位"(杨治良,1999:45)。"每个组块的容量都具有较大的伸缩性,可以是一个数字、一个单词、一个词组,甚至一句话、一段文字"。(邵志芳,2006:127-145)既然短时记忆的容量是大约 $7\pm2$ 个单位,也即 $7\pm2$ 个组块,所要储存的信息如果超出这个范围就无法在大脑中保存。因此如果试图增加短时记忆存储量,就要充分利用"每个组块的容量都具有较大弹性"这一特性,增加每一组块的容量,以提高短时记忆整体记忆容量。例如:"中日文化对比"这五个字从表面上可以看成是 6 个组块(中、日、文、化、对、比),但经过分析,我们就可以把它整合成 3 个组块(中日、文化、对比)。这种将原语信息加工成若干组块,并扩充每一组块容量的过程在很大程度上要依赖译员的语法、语义分析。此外,还可以根据储存在长时记忆中的句法规则来组块。例如:"China-aided project"。对于不懂英语的人来说,这是由不同字母组合而成的子母序列,每个组块就是一个字母,这大大加重了记忆负担。而对于懂得这几个英文单词,但缺乏相应句法知识的人来说,这是由三个单词组成的单词序列,每个组块是一个单词,他将记忆的是三个组块。而懂英文句法规则的人会将这一短语理解为"project built with aid from China",明白"China-aided"作定语修饰project,将它看成是由一个短语构成的一个组块。

**3. 信息逻辑化**

信息逻辑化是指对信息进行逻辑分析,从整体把握信息的点(具体的细节)、线(各点之间的联系)和面(整体的印象),从而对全文有更准确深入的把握(雷天放,陈菁,2006:18)。如果译员的逻辑推理能力强,他将更为容易地将原语信息分解为相互具有逻辑联系的点,并对复杂的原语信息有更为清晰的理解,原语信息将更完整地储存在记忆中,同时在译语表达时也更便于提取出来。

**4. 进行复述以强化原语信息**

由于短时记忆存储量有限,新进入的信息势必会覆盖已有信息,使旧信息遗忘。此时对贮存在短时记忆的信息不断进行复述便可以使该信息得以保持,并为选择性地进入长时记忆做好准备。复述也是一种对大脑信息的再加工,它可以是浅层次地仅将原语信息简单重复的单纯复述,也可以是分析理清信息之间的各种联系,以组块的形式将信息保存的精细复述。无论是哪种形式的复述,复述的次数和信息在短时记忆的保持度成正比关系,即复述的频率越高,保存下来的信息也就越多。

**5. 丰富长时记忆**

长时记忆是译员成功翻译原语信息的基础,因为短时记忆需要与译员长时期的知识储备相结合,译员需要从其长时记忆中提取相关信息来帮助实现原语听辨理解,同时巩固短时记忆并减轻短时记忆的负担。例如,当口译员为有关农村住房保障体系的新闻发布会担任口译时,应该事先了解相关的基本政策,如城乡之间无缝覆盖、租赁补贴、实物配租、廉租住房、公共租赁房和经济适用房等方面的信息,然后再根据这些相关内容准备专业术语的译法,从而大大提高口译员对原语信息的理解程度和专业术语反应速度。人的大脑中已有的知识或长时记忆对口译的表现有较大影响,同口译任务相关的长时记忆或知识储备越充分、完备,在口译过程中所占用的加工精力就越少,口译的效果就越好。由此可见,丰富长时记忆对改善译员对原语信息的熟悉度并提高现场表现有至关重要的作用。丰富的长时记忆能在已知信息和新信息之间建立更多的联系,减轻各个环节的工作压力。我们可以通过不断扩充激发大脑中的知识图式,组织并唤起长时记忆。心理学家 Bartlett 认为知识图式是人脑对过去反应和经验的一种构建,在大脑中主要起到连接新知识和旧有知识的作用。如果译员大脑中已有的知识图式清晰准确,就可以节省大量将新信息和旧有图式结合的加工精力。从语言角度来说,应掌握大量的专业词汇和套语。口译工作所涉及的领域涵盖方方面面,专业性较强,尽可能地掌握专业词汇,可以使译文更加精准。而某个套语虽然由多个词汇构成,却可以作为一个语言组块储存在长时记忆中,在译语生成时,则可作为一个组块方便提取。而语言外知识包括的领域则更加广泛,译员要通过平日的广泛阅读丰富自己的知识储备,扩大长时记忆,以便在翻译中熟悉原语所表达的信息,减少短时记忆的压力。

### 6. 信息视觉化

信息视觉化就是将原语信息所描述的场景在头脑中以画面的形式还原,就像是在头脑中清晰看到了当时的场景。需要注意的是,并不是所有原语信息都适合于进行信息视觉化,枯燥的数据、事实,以及逻辑缜密的论述都不适于进行这种加工。但形象生动的叙述文体较适于进行信息视觉化,其优点是一旦在大脑中形成画面,将留下深刻印象,不容易被遗忘。这也验证了人们往往更倾向于记住内容生动有趣的信息,更易于遗忘内容空洞枯燥的材料。例如:"中国地处亚洲的东部,太平洋西岸,北与俄罗斯接壤,西与印度为邻,东与日本隔海相望。"这就是一段可以进行信息视觉化处理的材料,当译员听完这段描述,便会在头脑中形成一幅完整的中国地图,对中国所处的地理位置有非常清晰的把握。

## 三、提高记忆能力的训练

结合口译记忆机制和记忆策略,可以制定出如下用以提高记忆能力的训练模式。

### 1. 影子跟读训练

在原语发布的同时,要求学生以半句话的距离进行重复。在进行这种训练时,要求学生能同时进行原语听辨理解,记忆以及表达等多个认知活动,提高学生各项任务的协同能力,扩大短时记忆的存储量,养成边听边说的习惯。

**2. 信息视觉化训练**

信息视觉化训练是一种信息加工手段。要求学生运用形象化思维将所听到的描述性的语篇在脑海中勾勒出相应的图画,以增加记忆的深刻性、全面性。教师可以选择适合做场景复原的口语特征强、条理清晰的叙述描写语篇,要求学生在头脑中还原所描述的场景,并根据脑中的图画,选取要点顺畅、清晰地复述出来。由于原语信息是以场景或图画的形式储存在记忆中,对译员来说印象非常深刻,不易遗忘。在译语生成阶段,这类信息也有易于提取,表述方便的优势。

**3. 原语概述训练**

教师选定适当篇幅的原语材料,以声音形式发布给学生后,要求学生对所听到的信息用原语进行概述。在倾听原语过程中,学生不得做笔记。在这一训练当中,强调学生要复述原语的信息大意,选取要点进行概述,省略次要信息。该训练可培养学生长时记忆能力,使他们能够准确地抓住信息要点。

**4. 译入语概述训练**

教师选定适当篇幅的原语材料,以声音形式发布给学生后,要求学生对所听到的信息用译入语进行概述。在倾听原语过程中,学生不得做笔记。

**5. 逻辑推理训练**

教师选择论证语体的材料供学生进行复述。这一训练与原语概述训练和译入语概述训练相类似,但更突出复述材料中各个信息组块之间的逻辑联系,让学生及时抓住原语信息所涵盖的论点、论据、论证和结论,弄清各个信息的层次关系,提高学生的信息整合和逻辑推理能力。

**6. 笔记训练**

由于在记口译笔记当中,译员用于笔记的能量有限,且记录时间也有限,笔记应以记录原语要点为宜。另一方面即使有原语要点,它们之间的连接词也必须要记录清晰,因为它将原语要点连接成一个有机的语篇整体。此外,数字与专有名词由于其信息之间的低相关性、低冗余性和音位变化的难以预测性也是笔记中的重点。在对学生的训练当中,要让他们了解以上的笔记原则,并掌握具体的记笔记方法(如对角线分布、左首留出空白、笔记符号的使用、义群分隔等)。

## 四、结语

口译是一项即时性强、专业性强、信息密度性大的脑力劳动,一个复杂的心理思维过程。而记忆是口译的关键环节,口译记忆机制决定所采用的记忆策略。了解了口译记忆机制和记忆策略,将可以有效地指导口译训练与培训,对提高口译技能,改善口译效果都会起到事半功倍的作用。

## 参考文献:

[1] Robert J, Siernberg (eds.).,认知心理学[M]. 杨炳钧等译. 北京:中国轻工业出版社,2006.

[2] 蔡晓红. 口译研究新探——新方法、新观念、新趋势[M]. 香港:开益出版社,2002.

[3] 车文博. 心理学原理[M]. 哈尔滨:黑龙江人民出版社,1986.

[4] 孔菊芳. 从认知心理学的角度谈口译中的短时记忆[J]. 广西教育学院学报,2006(4):122-124.

[5] 雷天放,陈菁. 口译教程[M]. 上海:上海外语教育出版社,2006.

[6] 吕洁. 交替传译的记忆研究[J]. 北京第二外国语学院学报,2008(增刊):132-135.

[7] 邵志芳. 认知心理学:理论、试验和应用[M]. 上海:上海教育出版社,2006.

[8] 杨治良. 记忆心理学[M]. 上海:华东师范大学出版社,1999.

[9] 张发勇. 从认知心理学角度看长时记忆和工作记忆在口译理解中的作用[J]. 外语电化教学,2010,(9):74-79.

# "脱壳"理论对口译教学的启示*

## 李万轶

**摘要**：法国"释意派"所提出的"脱离语言外壳"理论能够合理解释口译活动中所发生的信息处理和双语转化过程,对于口译教学具有重要启示。在简单介绍该理论的基础上,本文探讨了其对于口译训练中三个重要方面,即"口译的忠实性"、"译员的认知结构"以及"译员的记忆负荷"的指导作用,以期更有效地指导口译教学。

**关键词**："脱壳"理论；口译的忠实性；译员的认知结构；译员的记忆负荷

**Abstract**: As a core component of the Interpretive School, de-verbalization theory plays a key part in shedding light on our understanding of the cognitive activity and information processing during interpretation. This thesis discusses the implication of the de-verbalization theory in three major aspects of interpretation training: faithfulness of interpretation; interpreter's cognitive structure and interpreter's memory load, in an effort to better facilitate the training of interpreters.

**Keywords**: de-verbalization; faithfulness of interpretation; interpreter's cognitive structure; interpreter's memory load

---

\* 本论文系"北京市属高等学校人才强教计划——中青年骨干"资助项目。

作为口译课程的教师,一个首要任务就是弄清楚该课程的教学目标与定位。口译教学应区别于一般性外语教学中的翻译练习教学。如果一般性外语教学中的翻译练习教学目的在于帮助学生获得外语听说读写的语言能力,那么,口译教学应该是利用学生已经获得的语言交际能力帮助他们掌握双语思维表达的转换和交流技能。口译研究者刘和平(2001:19)指出,"建立技能意识是翻译者跨入翻译殿堂的第一步。技能意识建立得越早,登堂入室之时就会来得越快,反之亦然"。

翻译的技能意识是指翻译者能够或力求以翻译理论(包括方法论)指导自己翻译实践的自觉性。然而,翻译的技能意识不可能在学习外语时自动生成,因为外语教学中的中外互译旨在为语言教学服务,是教学翻译,目的是获得语言能力;而翻译教学是在学员已经获得语言交际能力的基础上进行翻译技能训练。因此,蔡小红(2001)指出,"技能训练对发展口译能力很有必要。缺乏基本训练,就是语言水平高,实践时间长也不能有效弥补技能技巧的不足。反之,科学的技能训练可以为译员奠定坚实的基础,帮助他们在日后的实践中不断熟练技巧,迅速提高口译能力。"

为了更有效地帮助学生掌握属于口译这项语际媒介活动的技能技巧,口译教师有必要了解口译活动中译员的思维机制模式,以便在其指导下设计出有针对性的口译教学活动和练习。而口译研究学派中的法国"释意派"所提出的"脱离语言外壳理论"(下文中简称"脱壳"理论)即是这样一个对于口译教学非常具有启示意义的理论。

# 一、口译中的"脱壳"理论

口译中的"脱壳"理论是由法国释意派提出的。该学派是20

世纪60年代末产生于法国的一个探讨口译与非文学文本笔译原理与教学的学派。其兴起的摇篮为巴黎高等口笔译学院,代表人物为法国翻译理论家达尼卡·塞莱丝柯维奇。该学院的研究人员在会议口译实践的基础上,借鉴神经心理学、实验心理学、皮亚杰的发生心理学和语言学等学科的研究成果,建立了一整套口译理论,被称为"释意学"或"释意模式"的翻译理论。

释意理论认为,口译时,译员在把讲话人的话变成另外一种语言的听众能够听懂的话以前,实际上要经过三个阶段:(1)听清作为表达思想内容的语言符号。通过分析和理解,搞清这些符号所表达的语言现象;弄清这些符号所表达的思想内容。此阶段称作"话语阐释"(interpretation of discourse)。(2)立即自觉地忘记这些语言符号的结构,以便只记住所表达的思想内容,也就是语言符号所产生的认知和情感意义。此阶段被称为"脱离语言外壳"(de-verbalization)。(3)用另一种语言的符号建造出新的语言表达,并且使这些表达符合以下两点要求:一是要传达出原话语的全部信息,二是要易于听懂。此阶段是原语信息内容的重组(reformulation)阶段(柯平,2011)。

而"释意派"的口译三阶段过程理论中第二阶段所涉及到的,就是为理解口译思维模式做出重要贡献的"脱壳"理论。简单说来,"脱壳"理论所提出的是一种信息在口译员脑海中的转换和处理模式,即思想在未经表达以前,并非是以语言的形式储存在人头脑之中。经由语言表达之后,它们首先会在接收者头脑中以"非语言"的形式转换成相对应的概念,而非以语码的形式被理解和储存。因此,在口译过程中,译员必须首先抓住讲话的实质内容与概念,并将其连贯地记在心里,而不是让自己陷于讲话人所使用的表面词句;也就是要"脱离开"原语的"语言外壳"而抓住其内在信息。

因此,释意理论不是把翻译看做一个从原语言到目标语言的单向解码过程,而是将其视为一个理解思想与重新表达思想的动态过程。而在理解和表达之间加入"脱离语言外壳"这一程序是释意理论对言语科学研究的结果,也是对该科学的重要贡献(许钧、袁筱一,1998)。下面,本文将论述"脱壳"理论对于指导口译教师及学员更好地理解口译活动中三个重要方面,即"口译的忠实性"、"口译中译者的认知结构"以及"口译中的记忆负荷"的重要意义。

## 二、"脱壳"理论与口译的忠实性

梅德明(2000)把口译定义为"一种通过口头表达形式,将所听到的信息准确而快速地由一种语言转换成另一种语言,进而达到传递与交流信息之目的的交际行为"。作为信息交流的中间桥梁,口译工作的首要要求就是译入信息应该忠实于原信息。释意派认为,翻译即释意;是译者通过语言符号和自己的认知补充对原文意思所做的一种解释;正如"脱壳"理论提出的,译者首先要摆脱掉原语的语码特征。译者应追求的不是语言单位的对等,而是原文意思或效果的等值。"翻译所译的是意义,而不是语法,不是单个的字词句。原文和译文的等值表现为整体交际意义上的等值,即译文能在其读者或者听众那里产生与原文一致的效果。为达到此效果,显然不能以词句,而应以交际意义作为翻译的基本单位"(柯平,2005)。如果译者要真正翻译他所接受到的原语信息,他就必须忠实于意义,而不是用来表达意义的词。例如,如果把字面词义简单堆砌,"This is the last place that I expected to meet you"似乎意为"这是我期望会遇到你的最后一个地方"。这样的翻译难免令人不知所云。而实际上,在一定上下文中,"the last"往往与"person, place, something"等词语组合,用来表达"最没想到、最不合适"的意思。因此上面的例句应译为"我真没想到会在这里碰到你。"可见,忠实准确的翻译绝不意味着对原语表面语码的简单相加。

但是许多刚接触口译课程的初学者,由于受前期语言教学,尤其是教学翻译的影响,在口译过程中注意力往往容易集中于每一个原语代码,着眼于意义转码的简单相加。而如果译者只听清了原讲话或原文语言的表层语义,却不能准确抓住其深层含义时,就容易出现译文表达累赘、含糊不清、模棱两可、甚至张冠李戴的结果。如,有的学生一听到"打开"这一单词,脑海中马上找到对应的英文单词"open",而不去做"脱语"这一工作,忘掉表层词语,进而抓住表层词语所想传达的深层概念和情景,因此会出现"open the TV"(打开电视)这样的误译;而一听到"留胡子",脑海中马上想到"留住,留下"对应的英文单词是"keep",因此出现了"to keep a beard"这样不够地道的英文表达。实际上,在英语中,留胡子有一个固定搭配"to grow a beard"。更有甚者,对于中文中一些有特色的表达,初学者也常会进行表面字词对译,出现令人费解的翻译。如"政府责令这些项目必须立刻下马",竟被译为"The government blamed and ordered these projects get off the horse"。其实,如果学生能够把"下马"这一概念略作思考,马上会想到它对应的含义应该是英文中的"call off"或者"abort","abandon"等表达方法。

蔡小红(2001)也在研究中发现,未接受过口译训练的学生偏重语言译码,产生许多难懂的仿造语。实现概念转换后,摆脱了原语形式的羁绊,译员的译语表达地道流畅,清晰易懂。因此,口译教师首先要让学员明白,语言层次的含义对应要求的是记忆能力,它只需语言知识,常常是代码转译,译入语不仅容易生硬艰涩、不符合目标语的一般表达习惯,而且甚至可能出现误译。如下面英文句子的翻译:"Due to extreme poverty, 70% of the people in the region die without seeing a doctor.""由于极度贫穷,该地区70%的人没有看到一个医生就死了"是语言翻译,而"由于极度贫穷,该地区70%的人去世前根本没有条件去看过病"则是脱离语言外壳,抓住原语概念信息之后在目标语中寻找对应表达的翻译。虽然是简单的一句话,但两个版本的翻译忠实程度与表达流畅程度已是高下立辨。

可见,若想使口译从内容、信息上忠实于原文,并且表达通畅,重要的一个方法是掌握"脱离原语语言外壳"这一思维模式和步骤。而这也是口译教师在口译教学的初期需要反复强调的一点。如果教师不进行有针对性的相关训练的话,那么即使学生语言水平不错,也会由于缺乏恰当的口译思维模式和技能意识而使自己的口译水平难以得到提高。反之,科学的思维和技能训练可以为译员奠定坚实的基础,帮助他在日后的实践中不断熟练技巧,迅速提高口译能力。因此,刘和平(2001:35)提出,口译教学大纲第一阶段的主要目标是向学生介绍,听辨的内容不是语言,而是语言表达的内容。语言同意义的分离练习是口译训练的基础,也是口译训练成功的关键。而这也就是"脱壳"理论的中心论点。

## 三、"脱壳"理论与口译中译者的认知结构

口译作为跨文化交际中的一种职业活动,具有其自身独特的

心理模式和思维规律。在这个非常复杂的心理活动过程中,信息发生了三重变化:原语形式—信息概念—译语形式。译员不但要对信息进行解码和编码,更需运用相关知识和心理语言手段,准确地建立起异语交际双方共识的信息概念,才能完成其本质性的任务:转达双方的交际意图。译员感知辨识使用的是一种语言,记忆储存的同时还需要在信息加工、处理过程(解码)中启动另一言语系统,最终用与原语不同的语言编码发送理解了的内容。不可辩驳的事实是,在不同的语言体系中,词与词并不总是相互对应。语义的正确理解需要正确的主题和环境定位,即启动认知知识阐释语言信号。

只有借助语言和其他语言外知识将语音信息加工整合,并储存在记忆中,才能表述信息。未经加工的、散乱无序的单词对表述没有积极意义。在双语正常交际中,如果在听辨原语信息时只是听语言,而不能激活与表层语码相关的认知结构的话,译者往往无法在头脑中找到与原语码相适应的正确的概念表征。例如,如果译员听到这样一句话,"The BRICs matter because of their economic weight. Meanwhile, the BRICs are also increasing their trade with one another."如果译员不能激活脑海中关于"巴西、俄罗斯、印度、中国"四个国力日渐增强的发展中国家因其英文首字母缩略语为"BRIC",与英语中"砖块"一词发音相同,而被西方媒体称为"金砖四国"这一认知结构的话,如果仅凭表层语码,很容易把"BRICs"译为砖头,闹出口译笑话。

脱离语言外壳(de-verbalization)是口译过程的跨越阶段,即跨越表层语言符号,抓住由语言符号引发产生的认知和情感意义。通过脱离语言外壳,译员在听辨有声语链的同时会迅速启动相关的认知知识和主题知识,并根据语境摆脱原语言的形式,在脑海中形成正确的概念表征。语言翻译是字词对应翻译,而释意翻译则是意义的对等翻译。"意义产生于有声语链(文字)的概念化"(赵军峰,2005)。口译程序是一种动态过程,从言语链发布到言语链含义的辨识,言语链无时无刻不在同大脑信息网中先前积累的认知结构相结合,否则,言语链就会失义。译员必须通过"语义检索"手段,提取大脑所储存的相关背景知识,并对言语链进行辨识、阐释和推理,然后将语篇意义以内部言语的形式存储起来,在一段时间后完成信息还原过程。

因此,在口译中,认知知识同辨识、理解和记忆的压力成反比,即认知知识越丰富,对主题越了解,翻译中各种压力越小。尤其是在学员的外语水平没有达到炉火纯青的程度时,利用认知知识补充填补部分语言知识空缺显得尤为重要。口译教师应强调学生应在充分准备相关口译主题的基础上,进行口译训练。学生会明显感到准备的好处,甚至可以在不知不觉中学会在听译过程中运用自己的认知结构对信息进行合理的预测、推理及整合。理解原语需要启动语言和语言外认知结构,而"重新表达"的质量同样有赖于译者对目的语中主题知识的了解程度。

原语代码仅仅是用于激活头脑中已有的认知结构中相关概念表征的一个启动器;口译学员要学会既发挥它们的启动作用,又充分依赖于脑海中储存的认知结构的"自上而下"的解码功能,实现摆脱原语代码后的概念生成。

## 四、"脱壳"理论与口译中译者的记忆负荷

尽管人们对于各种记忆系统的称呼不尽相同,但一般分为三

种,瞬时记忆,工作记忆,长时记忆。在口译员做即时信息处理时,工作记忆处于大脑活动的前沿。口译记忆里面临的最大问题就是工作记忆扩容和处理速度问题。工作记忆的广度很有限,大约为7±2个信息单位。工作记忆容量是有限的。而工作记忆是信息加工的操作平台,因此其容量的限制性对信息加工有重要影响。但是,工作记忆的容量是7±2个信息单位,而非7±2个单词或语码。工作记忆的特点表明,口译员要在有效时间内,最大限度地发挥其储存和加工功能,就必须采用一套符合其特点的策略来尽量减少认知资源的负担,为下一步的"忆"和"译"打下基础。

　　研究表明,记忆倾向于保存意义,而不是保存一种输入的物质细节,即言语措辞或句子结构本身(安德森,1989)。在口译信息编码时,为了减少工作记忆需处理和承载的信息单位,译员就要避免机械的双语间表层代码的简单转换。因为,在处理、记忆原语讲话内容信息时,如果我们能在加工信息的过程中最大限度地使材料内容富有意义,减少所记忆材料的符号,使较少的符号承载较多信息量,就能减少记忆负荷,增大记忆容量,从而更充分地储存信息和加工信息。

　　一般说来,对于文字材料我们有两种记忆法:内容记忆法和文字记忆法。内容记忆法的特点是只要理解内容,便可以复述出来。文字记忆则需花费许多时间,反复背诵。一篇十至十五分钟、包括一千五百至二千字的讲话,至少需要几个小时才能记住其文字。而如果只需要记住其主要内容,则速度会快得多。因此,脱离单个语码的外壳,寻求更大的意义单位,借助记忆中存储的信息对语音、语法、言语结构进行整合、联想和逻辑推理,必然能够减轻口译过程中的记忆负荷。

因此,在口译教学中,教师首先应该向学生传授这样的概念,即,口译记忆不是对原语孤立的语音代码、信息符号的机械记忆,而是在理解基础上对原语信息的主要意义和关键词语的记忆。此外,教师还应有针对性地设计出鼓励学生摆脱原语外壳的训练方式,培养出学生甩开表层语码束缚、善于抓住深层概念表征的思维和记忆方式,从而大大提高学员的口译能力和水平。可推荐的练习方式有"组块"(chunking)口译练习(徐翰,2007)、形象化记忆法、提纲式记忆法、推理式信息组合记忆法等(李芳琴,2004)。在此本文不再一一赘述,感兴趣的口译教师可参考相关文献。

## 五、结语

口译的对象不是语言,而是意义。口译不仅有特殊的口译模式和精力分配模式,还有特殊的思维模式和知识图式。对口译思维机制的研究逐渐揭开了口译程序的内幕。口译机制有内在规律,训练掌握这种规律应该是口译教学的根本任务。"译员不仅应拥有丰富的双语知识,更重要的是熟练掌握相关技能和技巧。而口译技能和技巧的获得与发展过程实际上是与之相关的认知知识的形成和发展过程,是陈述性知识向程序性知识发展的过程,故其思维程序呈职业化特点"(蔡小红,2001)。

技能训练有一个从认知(感悟)到掌握的内在化过程,有一个从知识到能力的形成过程。因此,口译教师既要从理论上掌握并向学员传授相关的口译理论知识,如"释意派"的"脱壳"理论,更有责任在长期的教学实践中运用和贯彻这一理论,使学员对于口译活动的本质与过程产生从理性到感性、从量变到质变的进步,在科学理论的武装下熟练掌握相关的口译技能与能力。

  此外,口译教师还应鼓励学员对各领域知识的学习与掌握。口译涉及各个领域的前沿阵地,无论是将外国先进的东西译成母语,还是将自己的文化、科技介绍到国外,译员每时每刻都需要运用到大量的语言外认知结构的积累。因此,激发学员对所有相关内容感兴趣,引导他们科学、有效地积累知识,是口译教学成功的基础,也是译员未来成功的基础。

**参考文献:**

[1]安德森. 认知心理学[M]. 长春:吉林教育出版社,1989.
[2]蔡小红. 交替传译过程及能力发展—中国法语译员和学生的交替传译活动实证研究[J]. 现代外语,2001,(3):276-284.
[3]蔡小红. 论口译质量评估的信息单位[J]. 外国语,2003,(5):75-80.
[4]柯平. 释意学派的翻译研究[OL]. http://nlp.nju.edu.cn/kep/T-I-P-interp.htm, 2011-5-30.
[5]梅德明. 高级口译教程[M]. 上海:上海外语教育出版社,2000.
[6]李芳琴. 论口译记忆策略[J]. 中国科技翻译,2004,17(4):17-20.
[7]刘和平. 思维科学与口译推理教学法[M]. 北京:中国对外翻译出版公司,2001.
[8]刘和平. 口译理论与教学[M]. 北京:中国对外翻译出版公司,2005.
[9]徐翰. 口译记忆认知与记忆策略探索[J]. 南昌大学学报,2007,38(5):123-126.
[10]许钧,袁筱一编著. 当代法国翻译理论[M]. 南京:南京大学出版社,1998.
[11]赵军峰. 论口译的翻译单位[J]. 中国科技翻译,2005,18(2):25-27.

# 第五部分:其他

# 信赖利益的界定

## 华 楠

**摘要**：本文从大陆法系及英美法系信赖利益的概念入手,针对"损失说"、"利益说"、"处境变更说"等学说各自存在的逻辑上的缺陷,基于对信赖利益法律特征的分析和归纳,指出信赖利益是一种缔约当事人固有的,因信赖而丧失的利益。它是一种既存利益,对其的损害赔偿应包含所受损害与所失利益。

**关键词**：信赖利益；损害赔偿；期待利益

**Abstract**: After introducing the definitions of reliance interests in both civil law system and common law as well as logical deficiencies of Loss Theory, Interest Theory, and Situational Change Theory, the paper aims to elaborate that reliance interests are the interests lost as a result of reliance of contracting parties. They are pre-existing interests, and compensation for damaging them covers all the damages and all the damaged interests.

**Keywords**: reliance interests; compensation for damage; expect interest

## 一、大陆法系信赖利益的概念

信赖是基于一定的事实基础,合理、善意地信任他人的允诺或相信某种法律行为成立或生效而为一定行为的法律事实。以德国为代表的大陆法系国家把契约利益分为信赖利益、履行利益和维持利益(完全性利益)三种。信赖利益,又名消极利益或消极的契约利益,是指法律行为(尤其是契约)无效而相对人信赖其为有效,因无效之结果所蒙受的损害(史尚宽,2000:288－289)。例如,买卖契约订立的费用、履行准备的费用以及因相信契约有效而放弃买入其他可能买入的物件所遭受的损害。履行利益则是指法律行为(尤其是契约)有效成立,但因债务不履行而发生的损失,又称为积极利益或积极的合同利益。于此情形,被害人得请求赔偿者,系债务人依债之本旨履行时,其可获得之利益(同上)。例如买卖契约订立后,出卖人履行契约,买受人因而所可获得的利益。维持利益(完全性利益),指因违反保护义务,侵害相对人的身体健康或所有权,而此种情形也可认为构成合同上过失时,就由加害人赔偿受害人于其健康或所有权所受的一切损害。

履行利益和信赖利益的区别在于:因赔偿使权利人处于如同获得给付时的财产状态时为履行利益;因赔偿使权利人处于如同未曾信赖特定的表示乃至合同的成立所应处的财产状态时为信赖利益。相应地,履行利益的损害赔偿是指"对因债权有效且被完全履行所得到的利益(履行利益)的损害赔偿",而信赖利益的损害赔偿是指"在债权无效之场合对由于信赖其为有效而遭受的损害(信赖利益)的赔偿"(崔建远,2004:284)。由此可见,履行利益赔偿的目的是使权利人达到合同履行后所应达到的状态,而信赖利益赔偿的着眼点在于使受害人在经济上恢复到未信赖法律行为成立时或有效时之状态。

## 二、英美法系信赖利益的概念

1936—1937年《耶鲁法律杂志》(合刊)上连载了美国法学家富勒及其学生帕迪尤的长篇论文《合同损害赔偿中的信赖利益》。这篇文章首次提出把判予合同损害赔偿所追求的目的区分为三种:返还利益、期待利益和信赖利益。

首先,基于对被告之允诺的信赖,原告向被告支付了某些价值;被告未履行其允诺,法院可以迫使被告交出他从原告处接受的价值。此处的目的可称作防止违约之允诺人从受诺人所支付的费用中获益,更简单地说,防止不当得利。受保护的利益可以叫做返还利益(梁慧星,1997)。如何界定返还利益,富勒着眼于两个因素:一个是受诺人的信赖,另一个是因信赖而发生的允诺人的获益。在一些返还利益的案件中,允诺人可能因违约而受益,而所受到的利益有可能来自轻信允诺的受诺人,也可能来自双方当事人以外的第三人。这也涉及返还利益的赔偿标准问题,富勒认为"允诺人的获益会伴有受诺人相应的,且针对法律计算标准而言是等同的损失"(梁慧星,1997:413),即最为有效的赔偿标准是在返还利益的案件中,允诺人的获益和受诺人的损失间有伴随关系,即利益来源于损失。只要确定了这个标准,返还利益的界定和损失的计算就比较清楚了。

其次,不去固守受诺人的信赖或允诺人的得利,我们可以寻求给予受诺人由允诺形成之期待的价值,我们可以在一个特定履行诉讼中实际强迫被告向原告提供允诺了的履行,或者在一个损害赔偿诉讼中,我们可以使被告支付这种履行的金钱价值。在这里富勒追求的目标是使原告处于假若被告履行了其允诺他所应处的处境。在这种场合所保护的利益被称为期待利益。

最后,为了说明信赖利益这一核心的概念,富勒用了一种非传统的定义方式,一种完全是描述式的方式展现了出来:"基于对被告之允诺的信赖,原告改变了他的处境。例如,依据土地出售合同,买方在调查卖方的所有权上支付费用,或者错过了其他的订约机会。我们可以判给原告损害赔偿以消除他因信赖被告之允诺而遭受的损害。我们的目的是要使他恢复到与允诺做出前一样的处境。这种场合受到保护的利益被称为信赖利益。"(同上)

简而言之,对返还利益的保护意味着防止违约的允诺人从受诺人所支付的费用中获益,也就是防止不当得利;对期待利益的保护则是使原告处于假若被告履行了其允诺他所应处的状态;而对信赖利益的保护意味着使原告恢复到与允诺做出前一样的处境。

期待利益与信赖利益的区别在于:期待利益是一种将来利益,在合同履行期到来之前或者合同正常履行完毕之前,仅仅表现为一种利益实现的可能性;期待利益的保护目的是将当事人恢复到合同履行完毕后的财产状态。而信赖利益与之相反,是一种既存利益。作为一种利益,信赖利益是对允诺赋予了信赖的当事人在允诺前就已拥有的利益,主要表现为订约、履约的成本及订约机会。信赖利益的保护目的则是使信赖人恢复到如同未信赖特定的意思表示或合同成立时所应处的财产状态。

## 三、信赖利益的学说之争

正如富勒在《合同损害赔偿中的信赖利益》一文中指出的那

样:"可以断言,当今没有几篇法学专题论文称得上其作者彻头彻尾地清楚界定了它的定义、区分了所服务的目的。"对信赖利益概念的讨论虽经久不衰,但至今也没有一个被普遍接受的定义。归纳起来,关于信赖利益的概念有以下几种学说:

1."损失说"。该说认为,"信赖利益者,指当事人相信法律行为有效成立,而因某种事实之发生,该法律行为(尤其是契约)不成立或无效而生之损失,又称为消极利益之损害"(王泽鉴,1998:174)。我国台湾学者史尚宽先生认为,"信赖利益,即信无效之法律行为为有效所生之损害,亦称消极行为上之利益或消极契约上之利益"(韩世远,1999:86)。林诚二(2000:282)认为,"信赖利益,乃法律行为无效,而相对人信赖其为有效,因无效之结果所蒙受之不利益也。"日本学者石田文次朗认为,"信赖利益乃对于因被认为有效的无效债权而蒙受损害的赔偿"(铃保不二雄,1998:131)。"由于缔约过失行为直接破坏了缔约关系,因此所引起的损害,是指他人因信赖合同的成立和有效,但由于合同不成立和无效的结果所蒙受的不利益,此种不利益即为信赖利益的损失"(王利明,1996:601)。此乃信赖利益的传统定义。

2."利益说"。该说认为,信赖利益是信赖合同有效成立所带来的利益(崔建远,1992:295)。此种利益是一种将来的利益,既表现为信赖方基于合同而期待获得的利益,又表现为无过错方本可以打算选择与他人订立合同,预期赢利的机会。"信赖利益是指一方当事人因信赖另一方当事人会善意的,无过失地与自己缔约并促成契约的成立、生效所涉及的相关利益。"(陈丽苹、黄川,1997)

3."处境变更说"。该说认为,信赖利益指缔约一方因信赖缔约相对方所做出的意思表示,从而使自己产生了自我状态的变更。

美国法学家富勒在解释信赖利益时说,"基于对被告许诺的信赖,原告改变了他的处境。例如依据土地买卖合同,买方在调查卖方的所有权上支付了费用,或者错过了订立其他合同的机会。我们可以判给原告损害赔偿以消除他因信赖被告的允诺而遭受的损害,我们的目的是要使他恢复到与允诺做出前一样的处境。在这种场合受到保护的利益可以称之为信赖利益"(梁慧星,1997:413)。日本学者内田贵(1995)认为,"信赖利益指原告信赖被告的约定(许诺),使自己产生自我状态的变更。"对此的保护意味着将原告复原到契约缔结前的状态。"自我状态的变更"或"自我处境的变更"实际上是损失说的变相表述,意指因信赖许诺而致使自己财产减少或丧失与他人订约的机会。

4."不利益说"。该学说认为,信赖利益为法律行为无效而相对人信赖其为有效,因无效之结果所蒙受之不利益。故信赖利益又名消极利益或消极的合同利益(林诚二,2000)。

5."权利说"。该学说认为,信赖利益是指缔约人在缔约过程中因对相对人缔约行为的信赖而享有的,现有利益不受侵害及对未来可得利益善意期待的权利(叶建丰,2001:554)。

以上几种"信赖利益"概念的学说均在不同程度上存在不足,"损失说"以损失来界定利益,即利益是一种损失,而利益与损失是两个意思相悖的不同概念,利益具有好处、益处之意,而损失具有失去、丧失之意,两者是矛盾的,因此其不符合逻辑上的定义规则,同时,如信赖利益本身界定为一种损失,则信赖利益的赔偿对象也是损失,那么就会产生损失之损失这一用语上的矛盾。

"利益说"的不足在于将信赖利益作为一种利益虽然符合逻辑上的定义规则,但既然是一种"利益",就应当是因某种信赖而获得的,而不能是失去的。同时,如果将信赖利益理解为基于"合理信赖"所产生的利益,则与期待利益很难区分。而"权利说"的不足为:一方面,权利是一种利益,但利益并不是一种权利;另一方面,信赖利益也界定为未来可得的利益,与利益说存在着同样的缺陷。

"处境变更说"、"不利益说"实质上是损失说的翻版。自我处境的变更意指因信赖许诺而致自己财产的减少和与他人订约机会的丧失,实质上是对损失说的变相表述。缔约一方相信并依赖相对方的允诺做出某种行为,包括费用支出和谢绝与他人订约,此种状态的改变,是善意缔约人合理信赖所必为的后果,是信赖成本(因信赖而必须支出的交易成本)而非信赖利益,而信赖利益应指信赖人合理期望可以弥补该信赖成本,应由法律予以保护的利益。

## 四、信赖利益概念评析

对于信赖利益内涵的界定,可谓仁者见仁、智者见智。因此,要想对信赖利益下一个完整而确切的概念,就有赖于对信赖利益的法律特征进行分析与归纳来实现,笔者认为信赖利益具有如下法律特征:

第一,信赖利益是一种既存利益,是对许诺赋予了信赖的当事人在许诺前即已经拥有的利益(马新彦,2000:77)。

信赖利益通常表现为所受损害与所失利益。所受损害主要来自积极作为的信赖。所失利益是当事人相信允诺而不作为所导致的与他人订约机会的丧失,是一种可得利益损失,主要来自于消极的不作为的信赖。无论是所受损害,还是所失利益,都是信赖当事人原本既已拥有但因信赖而丧失的利益。

第二,信赖利益是因信赖而改变了原有状态的利益。

信赖利益是一种消极性的利益。对承诺赋予信赖的一方在达成承诺前即已经拥有一些利益,比如订约、履行的成本以及与他人的订约机会等。这些利益作为代价付出后,在合同有效成立并得到履行的场合,往往为履行所得的利益而掩盖,即从履行所得利益中得到补偿,在这样的情形下,这些代价是完成合同使命所必需的,是交易的常态。然而在合同不成立、无效或因种种原因被撤销等的情况下,一方当事人因信赖而付出了这些代价,却不能因此而获益,信赖利益便凸显出来。

第三,信赖利益以合理的信赖为基础。

"合理的信赖"应具备以下两个条件:(1)信赖人主观上要有信赖合同成立、有效的意思。信赖利益无须双方明确合意,只要是明确的、作为善意当事人是知道或应当知道的即可。(2)信赖人客观上要有信赖合同成立、有效的行为。信赖人因为信赖而实施一定花费代价行为。如果没有基于客观事实中产生对合同及合同利益的合理信赖,即使支付了大量的费用,也不能视为信赖利益的损失。

第四,信赖利益的保护具有补偿性。

信赖利益的损失实际上是当事人订约、履行成本的无意义的消耗,信赖利益的保护旨在使当事人因信赖而支付的成本得以返还或赔偿,使他因信赖而改变了的处境重新改变过来。正如美国学者富勒所说:"我们的目的是要使他恢复到与允诺做出前一样的处境。"(梁慧星,1997:413)

因此,笔者认为信赖利益是一种缔约当事人固有的,因信赖而丧失的利益。它是一种既存利益,对其的损害赔偿应包含所受损害与所失利益。

## 参考文献:

[1]陈丽苹,黄川. 论先契约义务[J]. 中国法学,1997,(4):40-44.
[2]崔建远. 合同责任研究[M]. 长春:吉林大学出版社,1992.
[3]崔建远. 合同法[M]. 北京:法律出版社,2004.
[4]韩世远. 违约损害赔偿研究[M]. 北京:法律出版社,1999.
[5]梁慧星. 民商法论丛(第7卷)[M]. 北京:法律出版社,1997.
[6]林诚二. 民法理论与问题研究[M]. 北京:中国政法大学出版社,2000.
[7]马新彦. 信赖与信赖利益考[J]. 法律科学,2000,(3):75-84.
[8]梁慧星. 民商法论丛(第4卷)[C]. 北京:法律出版社,1995.
[9]史尚宽. 债法总论[M]. 北京:中国政法大学出版社,2000.
[10]铃保不二雄. 日本民法债权总论[M]. 台北:五南图书出版公司,1998.
[11]王利明. 违约责任论[M]. 北京:中国政法大学出版社,1996.
[12]王泽鉴. 民法学说与判例研究(第5册)[M]. 北京:中国政法大学出版社,1998.
[13]叶建丰. 缔约过失制度研究[A]. 梁慧星. 民商法论丛(第19卷)[C]. 香港:金桥文化出版有限公司,2001.554.